RECUEIL
DES PIECES
MISES AU THEATRE FRANÇOIS
Par M. LE SAGE.
TOME SECOND.

RECUEIL
DES PIECES
MISES AU THEATRE FRANÇOIS

Par M. LE SAGE.

TOME SECOND.

A PARIS,

Chez JACQUES BAROIS Fils, Quay des Augustins, à la Ville de Nevers.

M. DCC. XXXIX.

Avec Approbation & Privilege du Roy.

D. CESAR URSIN.
COMEDIE.
En cinq Actes.

Cette Comedie composée par D. Pedro Calderon de la Barca, est intitulée en Espagnol : Peor esta que estava. (Cela va de mal en pis.) Elle fut representée au mois de Mars à Paris 1707. sous le titre de D. César Ursin.

Tome II. A

ACTEURS.

D. FERNAND D'ARAGON, Gouverneur de Gaëte.
LISARDE, sa fille promise à D. Juan Osorio.
D. JUAN OSORIO, Gentilhomme Espagnol.
D. CESAR URSIN.
FLERIDE, fille du Gouverneur de Naples.
CELIE
NISE } Suivantes de Lisarde.
GAMACHE
FABIO } Valets de D. César.
FELIX, Valet du Gouverneur de Naples.
Un Alcade.
Un Page du Gouverneur.

La Scene est à Gaëte.

D. CESAR URSIN.
COMEDIE.

ACTE PREMIER.

Le Théâtre représente une Salle du Palais du Gouverneur de Gaëte.

SCENE PREMIERE.
LE GOUVERNEUR, FELIX

FELIX *donnant une Lettre au Gouverneur.*

OICI la Lettre qu'il vous écrit.

LE GOUVERNEUR *lit.*

C'est dans votre sein, généreux ami, que je veux déposer ma douleur. Si vous

A ij

ne pouvez la soulager, je me flatte du moins que vous la partagerez. Un Cavalier s'enfuit de Naples pour avoir tué son Rival, & emmene avec lui Fleride ma fille unique, qui ajoûte à la foiblesse d'aimer sans mon aveu celle de se laisser enlever. S'ils passent par Gaëte, je vous prie de les faire arrêter, mais, de grace traitez-les comme les enfans de votre ami. PROSPER COLONE, Gouverneur de Naples.

A Felix... Je ressens vivement les peines de votre Maître. Il ne pouvoit s'adresser à un homme qui lui fut plus dévoué. Je n'ai point oublié qu'une ancienne amitié nous lie, & que nous avons ensemble cueilli des lauriers dans les Païs-Bas. Apprenez-moi seulement le nom du Cavalier, qui trouble si cruellement son repos.

FELIX.

Il se nomme D. César Ursin. Je le connois pour l'avoir vû souvent ; & si vous voulez, Seigneur, me permettre d'en faire la recherche, je me fais fort de découvrir bientôt l'endroit de cette ville où il se tient caché ; car je

COMÉDIE.

sçais qu'il est actuellement à Gaëte.

LE GOUVERNEUR.

Quelle preuve en avez vous ?

FELIX.

J'ai vû ce matin dans la ruë un de ses Valets que j'ai fait suivre par un de mes Camarades qui n'est pas connu de lui, & qui doit me rapporter où il l'aura laissé.

LE GOUVERNEUR

Allez donc retrouver votre Camarade, & si par vos perquisitions vous parvenez à découvrir Don César, venez m'en avertir. J'irai moi-même aussitôt m'assurer de sa personne.

FELIX *s'en allant.*

Ie promets de le livrer dès aujourd'huy.

SCENE II.
LE GOUVERNEUR *seul.*

OH! qu'une fille, à qui la nature a donné un penchant trop tendre, est d'une garde pénible! Dans quel péril elle jette l'honneur d'un pere.

SCENE III.
LE GOUVERNEUR, LISARDE, CELIE.

CELIE. *bas à Lisarde.*

Voilà Monsieur le Gouverneur qui me paroît bien agité.

LISARDE.

C'est ce qu'il me semble.

LE GOUVERNEUR *à part.*

J'apperçois ma fille; cachons-lui le trouble où sont mes esprits.

COMEDIE.

LISARDE.

Qu'avez-vous, Seigneur? Je vois sur votre visage une émotion qui m'inquiete.

LE GOUVERNEUR.

Oui, ma fille, je suis occupé d'un soin très-important. Je suis pere, cette qualité me rend sensible à certains avis qu'on vient de me donner. Il n'est pas tems encore que je vous en dise davantage.

(Il sort.)

SCENE IV.

LISARDE, CELIE.

LISARDE.

Celie.

CELIE.

Madame.

LISARDE.

L'as-tu bien entendu?

CELIE.

Parfaitement.

LISARDE.

Auroit-il appris de nos nouvelles?

CELIE.

Cela pourroit bien être. S'il ne s'est pas expliqué plus clairement, c'est qu'il n'est pas encore bien informé de vos équipées. Avant que d'éclater, il veut connoître toute l'étenduë de votre faute.

LISARDE.

Ta conjecture me fait trembler.

CELIE.

Hé, de quoi diantre aussi vous avisez-vous d'écouter un inconnu & de vous déguiser tous les jours pour l'aller voir dans un Jardin où il demeure enfermé, pour avoir fait peut-être quelque mauvais coup. La fille de D. Fernand d'Aragon peut-elle jusques-là s'oublier?

LISARDE.

Je te pardonne de me faire ce reproche. Je conviens qu'il y a de l'indiscrétion dans ma conduite, & que je jouë un personnage peu digne de moi ; mais d'un autre côté, songe que je n'ai point de mauvaises intentions. Je n'ai pas même d'amour pour le Cavalier.

CELIE.

Il n'est pas possible ! Vous prenez pourtant plaisir à l'entretenir.

LISARDE.

Beaucoup. Il a de l'esprit, des manieres galantes & polies, & je ne suis pas fâchée d'en avoir fait la conquête. Mais je n'y mets rien du mien, & je ne cherche qu'à me divertir.

CELIE.

Ainsi donc vous continuerez d'aller au Jardin, malgré ce qu'un pere vient de vous dire.

LISARDE.

Et malgré tout ce que tu pourrois me représenter pour m'en empêcher.

CELIE.

Tant pis. Je vous blâme d'autant

plus, que vous êtes dans une conjoncture qui vous oblige à vous observer plus que vous n'avez fait jusqu'ici. On attend d'Espagne de jour en jour D. Juan Oforio à qui vous êtes promife. Les préparatifs de votre mariage font achevés. Quel tems prenez-vous pour vous embarquer dans une galanterie, qui ne peut aboutir qu'à quelque éclat fâcheux pour vous ?

LISARDE.

Épargne-toi la peine de moralifer inutilement.

CELIE.

Ne fongez qu'à bien recevoir l'époux qu'on vous deftine.

LISARDE.

Paroles perduës.

CELIE.

Il y a des filles qui cherchent malheur.

LISARDE.

Taifez-vous, Celie. Je pourrois me laffer de vos remontrances.

COMEDIE.

CELIE.

Vous devriez plûtôt en profiter.

SCENE V.

LISARDE, CELIE, NISE.

LISARDE.

Qu'est-ce qu'il y a, Nise ?

NISE.

Une Dame, qui paroît étrangere, demande à vous parler.

LISARDE.

Ne dit-elle point son nom ?

NISE.

Elle dit seulement qu'elle est fille; c'est tout ce qu'on en peut tirer. Mais elle a l'air bien affligé. Elle ne fait que gémir, que soupirer, que se plaindre du sort. Il faut que tous les malheurs du monde lui soient arrivés.

LISARDE.

Qu'on la laisse entrer. (*Nise s'en va.*) Sçachons ce qu'elle attend de moi.

SCENE VI.

LISARDE, CELIE, FLERIDE.

FLERIDE *se jettant aux pieds de Lisarde qui la releve.*

Madame, souffrez qu'à vos pieds une fille infortunée implore votre protection. Hélas ! Il n'y a pas longtems que je vivois comme vous dans le sein d'une famille qui me chérissoit. Mon destin pouvoit faire envie... Mais pourquoi m'étendre sur les avantages que je possédois ? La fortune ennemie ne me les a pas seulement ôtés, elle m'a ravi jusqu'à la foi qu'on pourroit ajoûter à mes paroles. Un superbe équipage ne parle point ici en ma faveur ; mes soupirs & mes larmes sont les seuls garants de ma sincerité.

CELIE *bas, à Lisarde.*

La Signora n'est pas mal adroite.

LISARDE *bas, à Celie.*

Je sens que je m'intéresse déja pour elle.

COMEDIE.

FLERIDE.

Dispensez-moi de vous dire qui je suis. Je dois ce ménagement à de nobles parens que je déshonore. Il suffira que je vous raconte simplement mon histoire pour exciter votre pitié.

CELIE *à part.*

Nous allons apparemment entendre l'histoire d'une vertu persécutée.

FLERIDE.

Un Cavalier d'une naissance égale à la mienne s'étant attiré mon attention, reçut ma foi en me donnant la sienne.

CELIE *bas.*

Le troc est naturel, Nous sommes sur le point de le faire aussi.

FLERIDE.

En attendant qu'il pût obtenir l'aveu de mon pere, il me demanda la permission de s'introduire la nuit dans notre jardin, & je n'eus pas la force de la lui refuser.

CELIE.

La pauvre enfant !

FLERIDE.

Nous formâmes donc la douce habitude de nous entretenir au jardin pendant que tout le monde reposoit au logis, mais nos plaisirs furent bientôt troublés par le funeste événement que vous allez entendre. Une nuit j'attendois mon Amant; la porte du jardin étoit entr'ouverte, il entre un homme ; je crois que c'est lui, & dans cette erreur je vais au devant de ses pas.

CELIE.

Aye, aye, aye !

FLERIDE.

C'étoit un autre Cavalier, dont j'avois toûjours payé de rigueur l'importune tendresse, & qui, conduit par une fureur jalouse, venoit là pour se venger. A peine eus-je reconnu que je me trompois, que mon Amant arriva. Surpris de trouver avec moi un homme dans un lieu, où lui seul avoit le privilege de s'introduire la nuit, la jalousie tout à coup troubla ses esprits. Téméraire, lui dit-il d'un air furieux, que viens-tu chercher ici ? Je n'ai point d'autre langue que mon épée, répondit l'autre Cavalier sur le même ton. A ces mots, également animés tous deux ils fondirent l'un sur l'autre. Je vois dans l'obscurité briller les épées. Il en sort un feu, qui sert à ces fiers rivaux à conduire leurs coups. Enfin, après un assez long combat, l'Amant malheureux tomba percé d'un coup mortel, & son Vainqueur m'adressa ces cruelles paroles : Va, perfide, je te laisse avec mon Rival noyé dans son sang. Tâche de le rappeller à la vie par les marques de douleur qu'il exige de ta reconnoissance.

LISARDE.

Vous le tirâtes d'erreur sans doute, & lui fîtes connoître votre innocence ?

FLERIDE.

Il ne m'en donna pas le tems. Quoique je fusse plus morte que vive, je voulus parler pour le détromper ; mais il s'éloigna promptement de moi sans daigner m'écouter.

CELIE.

Le petit mutin ! Il y a comme cela des Amans à qui l'on ne peut faire entendre raison, quand même ils n'ont aucun sujet de se plaindre.

LISARDE.

Hé quel parti prîtes-vous dans une si triste conjoncture ?

FLERIDE.

Un assez mauvais, mais je n'en voyois point de bon à prendre. L'éclat que je m'imaginai que feroit cette avanture, la colère de mes parens, le châtiment dont j'étois menacée, l'espoir de joindre un Amant fugitif & de dissiper ses soupçons, tout cela me détermina sur le champ à courir après lui, le regardant comme mon époux. Je suis venuë jusqu'à Gaëte, où je me flatte peut-être envain d'en apprendre des nouvelles. Cependant, Madame, j'ai besoin d'un asile ; mes malheurs vous font-ils assez de compassion pour me l'accorder ? Le rapport qu'on m'a fait de votre générosité, me fait espérer que vous ne refuserez

fuserez pas de me recevoir parmi les femmes qui vous servent.

(*Fléride se remet à genoux devant Lisarde.*)

LISARDE *la relevant.*

Relevez-vous, Madame, regardez-moi comme une amie qui compâtit à votre infortune. Puisque vous le souhaitez, vous demeurerez avec moi, non pour me servir, mais pour être servie. Tout ce que je vous demande, avant que je vous fasse donner un appartement, c'est de trouver bon que je prie mon pere d'y consentir. Entrez dans ce Cabinet, & vous y reposez jusqu'à ce que je lui aye parlé.

FLERIDE.

Fasse le Ciel, Madame, que vous soyez plus heureuse que moi, si jamais l'Amour vous soumet à son Empire.

(*Elle passe dans le Cabinet.*)

SCÈNE VII.
LISARDE, CELIE.

CELIE.

JE ne sçai si vous faites une action fort louable en accordant un azyle chez vous à cette étrangere ?

LISARDE.

Pourquoi donc ?

CELIE.

Pourquoi Madame ! Hé, que peut-on penser d'une créature qui court ainsi le monde comme une héroïne de Chevalerie ? C'est peut-être quelque avanturiere qui vient chercher fortune à Gaëte.

LISARDE.

Je juge d'elle plus favorablement. Je crois que c'est une fille de qualité qu'un excès d'amour a fait sortir de son devoir, & qui est plus malheureuse que coupable. Je m'en fie à son air modeste, à ses larmes, à sa beauté.

COMEDIE.

CELIE.
Trois signes bien équivoques.

LISARDE.
Brisons-là, Celie. Je veux sortir tout-à-l'heure. Prenons nos mantes ; allons voir mon Inconnu.

CELIE.
Mais ne craignez-vous point qu'un pere qui peut-être est déja instruit....

LISARDE.
Ne vas-tu pas encore faire la duegne ?

CELIE.
Hé mais....

LISARDE *s'en allant.*
Tu me fatigues.

CELIE.
Mort de ma vie ! Voilà une fille bien courageuse ; mais pourquoi suis-je plus timide qu'elle ? C'est que je n'ai point d'amant qui m'attende au jardin.

Elle suit sa Maîtresse.

Fin du premier Acte.

ACTE SECOND.

Le Théatre représente un Jardin & la Mer en éloignement. On y voit Don Juan Osorio & Don César Ursin qui s'embrassent en s'abordant.

SCENE PREMIERE.

D. JUAN, D. CESAR.

D. JUAN.

JE me sçai bon gré de m'être arrêté dans ce jardin, puisque j'y rencontre Don Cesar Ursin, le meilleur de mes amis.

D. CESAR.

C'est mon heureuse étoile qui a conduit ici mon cher D. Juan Osorio.

D. JUAN.

Laissons à part les complimens. Que faites-vous dans ce lieu solitaire?

D. CESAR.

Je m'y tiens caché pour une affaire

COMÉDIE.

d'honneur, que je vous conterai une autrefois. Le maître de ce jardin m'y a donné retraite, & j'y suis fort sûrement, en attendant l'occasion de passer en Espagne. D'ailleurs, par précaution, j'ai une barque toute prête à prendre le large en cas de besoin. Et vous, Don Juan, qui vous amene à Gaëte ?

D. JUAN.

J'y viens, porté sur les ailes de l'Amour, épouser Lisarde, la noble, la *[riche]*, la charmante fille de Don Fernand d'Aragon, gouverneur de cette ville. Je vous offre le crédit que cette alliance peut me donner.

D. CESAR.

Je ne refuse point un offre si avantageuse ; mais apprenez-moi pourquoi vous êtes entré dans ce jardin.

D. JUAN.

Pour y attendre un ami, qui est Alcade du Château de Gaëte. Je suis bien-aise de l'entretenir avant que je paroisse chez mon beau-pere ; & comme je l'ai fait avertir de mon arrivée, je ne doute pas qu'il ne soit ici dans un moment ; mais afin qu'il ne vous voye pas, je vais vous quitter pour aller au-devant de lui.

D. CESAR.

Je vous suis obligé de cette discrétion. Sans adieu, cher ami, je compte que j'aurai le plaisir de vous revoir ici.

D. JUAN.

Dès demain.

Ils s'embraſſent de nouveau & Don Juan s'en va.

SCENE II.

D. CESAR, GAMACHE.

GAMACHE

Abordant ſon Maître avec altération.

Qui est ce Cavalier ?

D. CESAR.

C'est un de mes intimes amis que le hazard a conduit ici.

GAMACHE.

Prenez garde que......

D. CESAR.

Sois sans inquiétude là-dessus.

GAMACHE.

A la bonne heure. Hé bien, Seigneur Don Cesar ou Seigneur Léandre l'avanturier, car je ne sçai plus de quel nom vous appeller : qui vive à présent de Fleride ou de cette Inconnue qui vient vous agacer depuis quelques jours dans ce jardin ?....

D. CESAR.

Pourquoi cette question, Gamache? Ne sçais-tu pas que Fleride regne toujours dans mon cœur ?

GAMACHE.

Oui ! Vous étiez pourtant bien en colere contre elle, quand nous sortimes de Naples.

D. CESAR.

Hé, n'avois-je pas sujet d'être en fureur ? Je trouve la nuit un homme avec ce que j'aime !

GAMACHE.

D'accord. Cela est dur à digérer; mais ce Cavalier malencontreux, que vous tuates à bon compte, étoit peut-être entré dans le jardin sans la participation de Fleride.

D. CESAR.

C'est ce que j'ai pensé depuis.

GAMACHE.

Et si cela étoit ainsi, n'auriez-vous pas le plus grand tort du monde d'avoir abandonné cette malheureuse Dame à la colere du Gouverneur de Naples son pere.

D. CESAR.

Je ne dis pas le contraire.

GAMACHE.

Au lieu de la quitter si brusquement, du moins il falloit vous éclaircir avec elle.

D. CESAR.

Je l'avoue, & je suis fâché de ne l'avoir pas fait.

GAMACHE.

Mais puisque vous vous en repentez, & que vous aimez encore Fleride, pourquoi donner tête baissée dans une nouvelle galanterie avec une femme dont les desseins vous sont encore plus inconnus que son visage?

D. CESAR.

COMEDIE.

D. CESAR.

Que veux-tu? Me voyant éloigné de ce que j'aime, je cherche à m'amuser pour éviter l'ennui,

GAMACHE.

Voilà comme vous faites tous vous autres Messieurs les Galans: pour mieux soutenir l'absence de vos maîtresses, vous leur donnez des rivales.

D. CESAR.

Paix, Gamache, paix, j'apperçois mon Inconnue.

GAMACHE.

Fort bien. Allons, Monsieur, désennuyez-vous.

SCENE III.

D. CESAR, GAMACHE, LISARDE, CELIE,
voilées.

LISARDE.

Vous voyez, Léandre, par le soin que je prens de vous venir trouver dans votre solitude, que je vous dédommage assez de la peine que je vous cause en vous cachant mon visage & mon nom.

D. CESAR.

Vous êtes dans l'erreur, Madame, Rien ne peut me dédommager de cette peine. Je me suis formé de vos traits une si belle idée, que si je n'ai pas aujourd'hui le plaisir de les contempler, ce jour sera le dernier de ma vie.

LISARDE.

Façon de parler.

D. CESAR.

Non, charmante Inconnue, j'attens de vous cette complaisance. Ne me laissez pas languir plus long-tems dans cette attente.

Lisarde & Don Cesar continuent de s'entretenir tout bas, & pendant ce tems-là Gamache s'approche de Celie.

GAMACHE *à Celie.*

Ma Princesse, n'allez-vous pas aussi vous faire tirer l'oreille pour vous découvrir ?

CELIE *d'un air dédaigneux.*

Sans doute ; & je te conseille de ne pas t'obstiner à vouloir obtenir de moi cette faveur. Tu y perdrois ton latin.

GAMACHE *voulant lever son voile.*

Oh, que non. Allons, ma Reine, sans façon.

CELIE *le repoussant.*

Arrête, faquin.

GAMACHE.

Ouais ! Vous me paroissez, ma mie, bien méprisante.

CELIE.

C'est que tu me parois bien méprisable.

GAMACHE.

Ah! Cruelle, l'Amour autrefois se cachoit à Psiché, aujourd'hui c'est Psiché qui se cache à l'Amour.

LISARDE *haut à Don Cesar.*

Ne me pressez pas davantage, Léandre; ou bien résolvez-vous à ne me revoir jamais.

D. CESAR.

J'en mourrois de douleur, mais aussi je vais mourir, si vous ne m'accordez ce que je vous demande.

LISARDE.

Encore une fois vous m'allez perdre pour toujours, si je cede à vos instances.

D. CESAR.

Ne soyez pas inexorable.

LISARDE.

Vous le voulez donc absolument?

D. CESAR.

Je vous en conjure.

LISARDE.

Il faut vous satisfaire, mais n'imputez ma perte qu'à vous-même.

(*Elle se découvre.*)

COMÉDIE.

D CESAR *avec transport.*

Que de charmes, Grands Dieux ! Je n'ai jamais vû de beauté comparable à celle qui frappe ma vûe. Donnez-moi le loisir de l'admirer.

GAMACHE *apercevant Fabio.*

Oh, ma foi, nous allons changer de note.... *d'un air troublé*, Monsieur....

D. CESAR.

Qu'y a-t-il, Gamache ? pourquoi te troubles-tu ?

GAMACHE.

J'apperçois Fabio qui vient à nous à toutes jambes. Il a bien la mine de nous apporter quelque fâcheuse nouvelle.

SCENE IV.

D. CESAR, LISARDE, CELIE, GAMACHE, FABIO.

D. CESAR *à Fabio.*

Que viens-tu nous annoncer ?

FABIO *tout essoufflé.*

Seigneur, vous n'avez pas un moment à perdre, si vous voulez vous sauver. Le Gouverneur s'approche de ce jardin. Embarquons nous promptement.

LISARDE *bas à Celie.*

Mon Pere vient ici me surprendre. O Ciel !

CELIE *bas.*

C'est votre faute.

D. CESAR.

Que dois-je faire ?

GAMACHE.

Que dois-je faire, dit-il ! comme s'il avoit un autre parti à prendre que de gagner la barque, & de chercher son salut dans la fuite. Hé vite, décampons.

D. CESAR *à Lisarde.*

Pardon, Madame, si je vous quitte; mais la nécessité m'y oblige.

LISARDE *à D. Cesar.*

Ah! de grace, Seigneur, ne m'abandonnez pas. Si vous êtes, comme vous le paroissez, un Cavalier noble, vous ne laisserez pas dans le péril une personne qui ne s'y trouve que pour l'a-

COMÉDIE. 31

mour de vous. Helas ! je suis sur le point de perdre l'honneur & la vie peut-être, seulement pour vous être venu voir dans ce jardin.

D. CESAR *se tournant vers Gamache.*

Gamache.

GAMACHE.

Hé bien, Gamache, vous balancez, je crois. Hé, ventrebleu, tirons-nous d'ici ; & n'écoutez pas davantage une matoise qui veut vous amuser.

D. CESAR.

Non, il ne sera pas dit que je laisse toujours les Dames dans le danger. Belle Inconnue, rassurez-vous. Je périrai plûtôt que de souffrir qu'il vous soit fait le moindre outrage.

GAMACHE.

Quel enragé !

D. CESAR.

Retirez-vous dans cette maison, & ne craignez rien. Je suis assuré que c'est à moi seul qu'on en veut.

Lisarde & Celie vont se cacher dans la maison.

C iiij

D. CESAR URSIN.

GAMACHE *à Don Cesar.*

Sauvez-vous donc préfentement.

D. CESAR.

Je ne le puis. J'ai promis de défendre cette Dame. Je tiendrai ma promeſſe.

GAMACHE.

Vous allez encore tuer quelqu'un; pour moi je vais me mettre auſſi en fûreté. *(Il s'enfuit.)*

D. CESAR.

Fais ce que tu voudras. Je prétends faire face à ma mauvaiſe fortune, quelque choſe qu'il me puiſſe arriver.

SCENE V.

D. CESAR, LE GOUVERNEUR, Gardes.

LE GOUVERNEUR,
abordant D. Cesar.

N'Eſtes-vous pas D. Cefar Urſin?

D. CESAR.

Un homme tel que moi ne déguiſe

point son nom. Oüi, je le suis. Que me voulez-vous ?

LE GOUVERNEUR.

Je vous arrête. Obéissez à l'ordre.

D. CESAR.

Je ne fais point de resistance ; mais considerez qui je suis, & ne permettez pas qu'on m'insulte.

LE GOUVERNEUR.

J'aurai pour vous tous les égards qui sont dûs à un Cavalier de votre naissance.

D. CESAR *lui presentant son épée.*

Cela étant, faites-moi conduire où il vous plaira. Voilà mon épée.

LE GOUVERNEUR.

Non, gardez-la. Tout prisonnier que vous êtes, je vous la laisse pour commencer à vous traiter avec distinction. Mais je dois aussi m'assurer d'une Dame qui est avec vous dans ce jardin.

D. CESAR.

Quelle Dame, Seigneur ?

D. CESAR URSIN.

LE GOUVERNEUR.

Il est inutile de feindre. Je suis informé de tout.

(*à ses Gardes.*)

Gardes, cherchez-là dans cette maison, & l'amenez ici.

D. CESAR *à part.*

Ciel ! qui peut être cette Dame qu'on veut arrêter avec moi !

UN GARDE *amenant Gamache.*

Voici un homme qui cherchoit à se dérober à notre poursuite.

LE GOUVERNEUR *à Gamache.*

Qui êtes-vous l'ami ?

GAMACHE *montrant D. Cesar.*

Je suis l'Ecuyer de ce Chevalier Errant.

LE GOUVERNEUR.

Eh ! pourquoi fuyez-vous ?

GAMACHE.

C'est que j'ai la mauvaise habitude de fuir dès que j'ai peur.

SCENE VI.

LE GOUVERNEUR, D. CESAR, GAMACHE, LISARDE, CELIE, Deux Gardes.

Deux Gardes.

SEigneur, nous venons de trouver dans cette maison ces deux Dames voilées... (*à Lisarde.*) Madame, découvrez-vous, cette déférence est dûë à M. le Gouverneur.

Le Gouverneur *aux deux Gardes.*

Arrêtez, Ramire, ne faites aucune violence à cette Dame. Elle doit être sacrée pour vous... *à Lisarde.* Non, Madame, ne vous découvrez pas. Je veux vous épargner cette confusion. Je suis même très-mortifié de l'allarme que je vous cause en venant m'assurer de vous.

D. Cesar.

Seigneur, je ne souffrirai pas, s'il vous plaît, que vous l'emmeniez contre son gré. J'y perdrai plûtôt le jour.

Le Gouverneur.

Ne vous faites point de nouvelles affaires, Don Cesar. Je pardonne ce transport téméraire à votre amour. Réservez votre valeur pour une meilleure occasion. Sçachez que cette Dame ne m'est pas moins chere qu'à vous. Nous sommes tellement unis son pere & moi que nous ne faisons tous deux qu'une ame.

D. Cesar.

Mais si je suis seul coupable, pourquoi cette Dame sera-t-elle arrêtée? Quel crime a-t-elle commis?

Le Gouverneur.

Vous me croyez bien mal instruit de ce qui s'est passé. Apprenez que je n'en ignore pas la moindre circonstance. Ainsi Don Cesar, remettez vos interêts entre mes mains. Vous aurez en moi un médiateur qui ne les trahira point. Je vais vous mener moi-même au Château de cette Ville. Je vous mettrai sous la garde de l'Alcade, & fiez-vous à la parole que je vous donne que cette Dame sera chez moi comme ma propre fille.

COMEDIE. 37.

D. Cesar *à Lisarde.*

Confentez-vous, Madame, que l'on vous emmene au Palais du Seigneur Don Fernand?

LISARDE.

Oüi, Seigneur.

D. Cesar.

Je ne m'y oppofe donc plus.

Le Gouverneur *à deux de ses Gardes.*

Allez vous deux, faites monter ces Dames dans mon caroffe. Conduifez-les au logis, & dites à ma fille qu'elle les reçoive comme des perfonnes qui lui font envoyées de ma part. Pendant ce tems-là je vais mener au Château mon prifonnier.

Fin du fecond Acte.

ACTE TROISIE'ME.

Le Théâtre represente l'appartement de Lisarde.

SCENE PREMIERE.

NISE seule.

MA Maîtresse & Celie ne reviennent point. Elles se trouvent bien apparemment où elles sont. Par ma foi, elles en feront tant qu'à la fin il pourra leur arriver quelque desagréable avanture... mais que vois-je ? les voici, ce me semble ! Oüi vraiment. Elles sont conduites par des Gardes. Oh-ho ! qu'est-ce que cela signifie ?

COMEDIE.

SCENE II.
NISE, LISARDE, CELIE, Deux Gardes.

PREMIER GARDE.

MAdemoiselle Nise, faites-nous, s'il vous plaît, parler à votre Maîtresse.

NISE.

A ma Maîtresse !.. *bas.* Dissimulons. Ma Maîtresse est indisposée. Vous ne pouvez lui parler. Que lui voulez-vous ?

PREMIER GARDE.

Lui presenter ces deux Dames que nous lui amenons de la part de M. le Gouverneur.

NISE.

Je les lui presenterai bien moi-même.

PREMIER GARDE.

Dites-lui qu'elle en ait un soin tout particulier.

NISE.

Je n'y manquerai pas.

SECOND GARDE.

Vous sçaurez au moins qu'elles sont prisonnieres. Prenez bien garde qu'elles ne s'échappent.

NISE.

Allez, allez, je les garderai bien.

SECOND GARDE *riant*.

Je crois qu'oüi. Vous aurez, ma foi, assez de peine à vous garder vous-même.

NISE.

Non pas du moins d'une figure comme la vôtre… Tirez, tirez, Monsieur le Raisonneur. Je n'aime point les mauvais plaisans.

(*Elle repousse les Gardes qui sortent.*)

SCENE III.

LISARDE, CELIE, NISE.

LISARDE.

ILs sont, enfin, sortis. Otez ma mante, Celie, donnez-moi un autre habit.

(*Pendant qu'elle change d'habit.*)

COMEDIE. 41

Je suis très-contente de vous, Nise; mais comment, en nous voyant, avez-vous pû ne nous pas découvrir par votre surprise?

NISE.

Oh, Madame, toute jeune que je suis, j'ai de la prudence.

LISARDE.

Je le vois bien, mais, di-moi, n'es-tu pas étonnée de me voir prisonniere dans ma propre maison, & geoliere de moi-même?

NISE.

En effet, comment cela s'est-il pû faire? Je meurs d'envie de le sçavoir.

LISARDE.

Je vais te le dire. Je suis sortie pour m'aller promener dans un Jardin. Je m'y entretenois avec un Cavalier. Mon pere, qui sans doute en a été averti, m'y est venu surprendre; & pour donner le change à ses Gardes, il m'a fait ramener ici par eux comme une Dame étrangere qu'il auroit arrêtée.

CELIE.

Je vous l'ai déja dit, Madame, vous

Tome II. D

vous trompez, quand vous croyez n'avoir pas été prise pour une autre. Quelle apparence y a-t-il qu'un homme aussi prudent que M. le Gouverneur ait été capable de s'exposer à rendre son deshonneur public par une pareille démarche ? Encore une fois, cela n'est pas possible. Je craignois dans le Jardin qu'il ne nous reconnut ; mais à present je ne crains plus rien ; & vous devez avoir l'esprit tranquile là-dessus.

LISARDE.

Hé bien soit. Je veux qu'en m'arrêtant, mon pere ait crû de bonne foi se saisir d'une autre personne, nous voilà dans un nouvel embarras.

CELIE.

Dans quel embarras ?

LISARDE.

Il va revenir plein d'impatience de voir sa prisonniere. Il demandera ce qu'elle est devenue. Que lui dirons-nous ? Cela ne laisse pas d'être embarrassant.

NISE.

Pas trop. Il n'y a qu'à faire passer

pour elle l'étrangere qui s'eſt refugiée ici.

LISARDE.

L'heureuſe imagination !

CELIE.

Niſe m'a prévenue. C'eſt ce que j'allois vous propoſer.

LISARDE.

J'épouſe cette idée. Oüi, ſoutenons que c'eſt cette Dame dont mon pere s'eſt ſaiſi dans le Jardin. Auſſi-bien c'eſt peut-être elle qu'il y étoit allé chercher.

CELIE.

Ecoutez, je n'en jurerois pas. L'hiſtoire qu'elle nous a contée me le feroit croire aiſément.

LISARDE.

Quoiqu'il en ſoit, entretenons mon pere dans ſon erreur. Quand il voudra parler à l'Etrangere, mêlons-nous à leur converſation & faiſons ſi bien qu'ils ne s'entendent pas.

CELIE.

Taiſons-nous, Madame, je la vois qui ſort de votre cabinet.

SCENE IV.

LISARDE, CELIE, NISE, FLERIDE.

FLERIDE.

OSerai-je vous demander, Madame, si vous avez eu la bonté de parler pour moi à Monsieur le Gouverneur?

LISARDE.

Je n'en ai pas encore trouvé l'occasion ; mais le voici qui vient. Je vais le prévenir. Je suis persuadé qu'il approuvera ce que je veux faire pour vous.

(Lisarde & Fleride continuent de s'entretenir tout bas.)

SCENE V.

LISARDE, FLERIDE, CELIE, LE GOUVERNEUR, NISE, FELIX.

LE GOUVERNEUR, *parlant au fond du Théâtre à Felix.*

REtournez en diligence à Naples, & dites à votre Maître que sa fille & Don César sont en ma puissance.

FELIX.

Seigneur, je n'ai vû qu'une Dame voilée. Si je pouvois voir Fleride sans en être apperçu, je partirois plus sûr de mon rapport.

LE GOUVERNEUR.

Ce que vous dites est judicieux... *lui montrant du doigt les femmes* ... Tenez la voyez-vous parmi ces Dames ?

FELIX.

Oui, Seigneur, je reconnois Fleride.

LE GOUVERNEUR.

Partez donc... *Félix s'en va.*

LISARDE à *Fleride.*

Tenez-vous un peu à l'écart... *abordant son pere*... Seigneur, j'ai suivi vos ordres. J'ai fait à cette Dame, que vous m'avez envoyée, la réception la plus gracieuse qu'il m'a été possible.

LE GOUVERNEUR.

Vous avez fort bien fait.

LISARDE.

Je lui ai fait préparer un de nos plus beaux appartemens.

LE GOUVERNEUR.

Elle le mérite bien. Nous ne pouvons avoir trop de considération pour elle. C'est une fille d'une illustre naissance, & dont le pere est mon ancien ami.

LISARDE.

Il n'en faudroit pas davantage pour me faire épouser ses intérêts ; mais elle joint à cela un mérite personnel qui m'enchante. Que j'ai découvert en elle de bonnes qualités ! Qu'elle a d'esprit, de politesse & de douceur ! On

COMEDIE. 47

ne peut la voir sans l'aimer, ni sans prendre beaucoup de part à ses chagrins. Elle m'en a fait confidence, & je vous avouerai que j'en suis encore toute émuë.

FLERIDE *bas, à part.*

Elle lui conte apparemment mon histoire, pour m'épargner la honte d'en faire moi-même le récit.

LISARDE.

Permettez-moi, Seigneur, d'interceder pour elle auprès de vous. Elle se repent d'avoir oublié son devoir... *se jettant aux pieds de son pere*... Ayez pitié d'elle en faveur des remords qui la pressent.

FLERIDE *à part.*

Elle embrasse ses genoux ! Avec quelle vivacité elle lui parle pour moi ! Quelle bonté !

LE GOUVERNEUR *aidant à relever sa fille.*

Ma fille, je ne m'intéresse pas moins que vous pour cette Dame. Vous allez entendre ce que je vais lui dire.

CELIE *bas.*

Ouf ! cet entretien me fait peur.

LE GOUVERNEUR *s'approchant de Fleride.*

Madame, vous n'êtes point ici prisonniere ; & je vous prie de regarder ma Maison comme la vôtre. Vous êtes chez un homme qui entre dans votre situation, qui se fait un devoir de vous servir, & qui n'épargnera rien pour vous rendre bientôt parfaitement contente. Vous pouvez compter là-dessus.

FLERIDE.

Seigneur, dans l'état où je me trouve, rien n'est plus propre à me consoler que votre protection... *à Lisarde*... Ah ! que ne dois-je point à la généreuse Lisarde ! C'est à sa bonté que je suis redevable d'un asile...

LISARDE *l'interrompant avec précipitation.*

Ce n'est point moi, Madame, c'est mon pere que vous devez remercier de la disposition favorable où il est à votre égard.

LE GOUVERNEUR.

Non, Lisarde, il n'est pas tems encore qu'elle me fasse des remercimens. Qu'elle

Qu'elle attende que j'aye rendu son sort plus doux. C'est à quoi je vais employer tous mes soins; & je me promets bien d'y réussir.

SCENE VI.
LE GOUVERNEUR, LISARDE, FLERIDE, UN PAGE, CELIE, NISE.

LE PAGE *au Gouverneur*.

LE Seigneur Don Juan Osorio vient d'arriver. Il marche sur mes pas.

LISARDE *bas, à Celie*.

Surcroît de peine pour moi.

LE GOUVERNEUR.

Ma fille, songeons à le bien recevoir... Vous, Nise, conduisez Madame à son appartement. Elle doit avoir besoin de repos... *Fleride & Nise disparoissent.*

SCENE VII.

LE GOUVERNEUR, LISARDE, CELIE, D. JUAN.

D. JUAN *saluant le Gouverneur, & lui baisant la main.*

SEigneur, permettez que l'heureux D. Juan vous rende ses devoirs, & vous témoigne l'impatience qu'il avoit d'être auprès de vous.

LE GOUVERNEUR *l'embrassant.*

Il y a long-tems que vous vous faites souhaiter ici. Je commençois à me plaindre de votre retardement, quoique je fusse persuadé qu'il falloit que vous ne pussiez pas faire plus de diligence, puisque vous n'arriviez point.

D. JUAN.

Vous me rendiez justice ; & la charmante Lisarde devoit vous en répondre. Plein de la flatteuse espérance d'être son époux, pouvois-je ne pas compter tous les momens qui retardoient mon arrivée ?

COMEDIE.

LISARDE.

Je n'attendois pas moins de votre politeſſe qu'un diſcours ſi gâlant ; mais je ne ſuis point aſſez crédule pour y ajoûter foi. Je me connois bien, Don Juan, & je ſerai fort contente de moi, ſi vous ne vous repentez pas en me voyant d'être venu à Gaëte.

D. JUAN.

Que dites-vous, Madame ? O Ciel ! Fut-il jamais une beauté plus parfaite que...

LE GOUVERNEUR.

Oh ! Vous allez vous engager tous deux dans les complimens ! Vous aurez tout le loiſir de vous en faire l'un à l'autre... Venez avec moi, mon Gendre. Je veux, avant toutes choſes, vous entretenir dans mon Cabinet.

(*Le Gouverneur l'emmene.*)

SCENE VIII.

LISARDE, CELIE.

LISARDE.

Que penses-tu de tout ceci, ma chere Celie?

CELIE.

Je pense que vous êtes plus heureuse que sage. Monsieur le Gouverneur, comme vous voyez, est persuadé que notre Etrangere est la Dame qu'il vient d'arrêter dans le Jardin; & la Dame croit que touchée de ses malheurs, vous lui faites donner un asile chez vous. Ils viennent de se parler tous deux sans se détromper. Cela est heureux pour vous. Mais n'abusez point de ce bonheur. Puisque D. Juan est arrivé, ne songez qu'à répondre à ses vœux. Ne le mérite-t-il pas bien? N'est-ce pas un Cavalier fort bien fait?

LISARDE.

Je ne dis pas le contraire.

CELIE.
Un jeune Guerrier de bonne mine.

LISARDE.
D'accord.

CELIE.
Hé bien attachez-vous donc à lui. Oubliez pour jamais l'inconnu.

LISARDE.
C'est mon dessein, vraiment. Mais...

CELIE.
Mais quoi?

LISARDE.
Veux-tu que j'abandonne un homme qui n'a perdu sa liberté qu'en voulant conserver la mienne?

CELIE.
Non, il y auroit de l'injustice là-dedans. Mettez tout en usage pour le tirer de prison ; mais ne poussez pas plus loin la reconnoissance. Aussi-bien pourriez-vous, Madame, vous en repentir. Car je soupçonne violemment ce Cavalier d'être celui qui fuit notre Etrangere.

LISARDE.

C'est ce que je soupçonne comme toi ; mais je n'en suis pas sûre ; & pour sçavoir à quoi m'en tenir, je vais lui mander, par un billet que tu lui porteras toi-même au Château, que s'il peut cette nuit tromper ou gagner ses Gardes, il vienne me trouver ici.

CELIE.

Quel projet, Madame, faites-y bien réflexion.

LISARDE.

Il n'y a rien dans ce projet qui doive t'allarmer. Je recevrai dans mon appartement l'Inconnu comme une Dame qu'il croit prisonniere, & nous aurons ensemble un entretien, après lequel je prendrai mon parti de bonne grace.

CELIE.

Vous me faites trembler.

LISARDE.

Que tu es sotte ? Voilà la premiere Soubrette qui soit fâchée de voir sa Maîtresse amoureuse.

CELIE.

Mais considerez...

COMÉDIE.
LISARDE.
Quoi?
CELIE.
Le danger...
LISARDE.
Je le vois.
CELIE.
Vous allez vous perdre...
LISARDE.
Je n'aime pas qu'on s'oppose à mes volontés.
CELIE.
Quelle fureur !
LISARDE.
Tais-toi. Ne songe qu'à m'obéir aveuglément, si tu veux me plaire.

Fin du troisiéme Acte.

ACTE QUATRIE'ME.

Le Théâtre repréſente une Priſon.

SCENE I.

D. CESAR, GAMACHE.

GAMACHE.

A Votre avis, Seigneur Don Céſar, ne ſommes-nous pas ici bien gîtés ?

D. CESAR.

Bien ou mal, je ne m'en plains pas. Si je cours quelque péril, en récompenſe, j'ai vû des traits charmans, un viſage céleſte.

GAMACHE.

Il vaudroit mieux, morbleu, que vous euſſiez vû une face de Guinée, que le beau minois de cette friponne, qui nous a ſi traitreuſement fait tomber entre les griffes de la Juſtice.

COMEDIE.

D. CESAR.

Quoi, Gamache, tu soupçonnerois cette Dame d'avoir joué cet indigne personnage ?

GAMACHE.

Comment donc ! Est-ce que vous en doutez encore ?

D. CESAR.

Sans doute rejette cette pensée, mon ami. Cette Dame est trop belle pour être capable d'une trahison si noire.

GAMACHE.

Hé, ventrebleu, c'est des Belles qu'il faut se défier. Les laides n'attrapent personne.

D. CESAR.

Tu es trop défiant.

GAMACHE.

Vous ne l'êtes pas assez, vous.

D. CESAR.

Reconnois l'injustice de tes soupçons. S'il étoit vrai, comme tu te l'imagines, que ce fût une Avanturiere, & qu'elle eût été apostée pour me faire prendre, pour quoi le Gouverneur, s'il n'en eût voulu qu'à moi, l'auroit-il arrêtée aussi.

GAMACHE.

Pourquoi ? Pour mieux cacher son jeu.

D. CESAR.

Encore une fois, Gamache, tu juges mal de la Dame. Croi plûtôt que c'est une personne qualifiée, que quelque fâcheuse avanture obligeoit à se cacher comme moi dans le jardin; & que le Gouverneur en ayant eu avis, nous y est venu surprendre l'un & l'autre en même-tems.

GAMACHE.

Si cela est, je conclus que voilà Fléride cassée aux gages.

D. CESAR.

Point du tout. Fleride est ma premiere inclination; & son image gravée dans mon cœur n'en peut être effacée.

GAMACHE *voyant entrer Celie voilée.*

Je pourrois vous croire, si je ne voyois pas ce que je vois.

COMEDIE. 59

D. CESAR.

Hé que vois-tu ?

GAMACHE.

Une de nos drôlesses. Elles méditent apparemment quelque nouvelle tromperie.

SCENE II.

D. CESAR, GAMACHE, CELIE *voilée*.

CELIE *à D. César.*

SEigneur, je viens de la part d'une belle prisonniere affligée.

D. CESAR.

Sois la bienvenuë. Tu me rappelles à la vie.

CELIE *lui présentant une Lettre.*

Voici un billet qu'elle vous écrit.

D. CESAR *lui donnant un diamant.*

Et voilà un diamant que je te prie d'accepter.

(*Pendant que D. César lit la letttre.*, *Gamaché s'approche de Celie en lui montrant le pouce entre l'Index & le doigt du milieu, ce qu'on appelle en Espagne : dar una higa.*)

GAMACHE.

Tenez, ma charmante, vous voyez un autre diamant. Je vous l'offre, à condition que vous me laisserez voir votre visage, tel qu'il a plû au Ciel de vous le donner.

CELIE.

Je m'en garderai bien.

GAMACHE.

Vous ferez sagement.

CELIE.

Hé pourquoi?

GAMACHE.

C'est que je n'ai pas l'imagination prévenuë en sa faveur.

CELIE.

Vous pourriez en voir de plus laids.

GAMACHE.

J'en doute, ma Mignone. Vous le dérobez à mes yeux si soigneusement, que je ne puis tirer de-là une bonne conséquence.

COMEDIE.

CELIE.

Oh, c'en est trop, tu pousses à bout mon amour propre. Il faut que je te montre mes charmes.

GAMACHE.

Je t'en quitte. Je ne les veux point voir à présent que tu desires que je les voye.

CELIE *faisant semblant de vouloir se découvrir.*

Regarde-moi, je te prie. Je te donnerai le brillant que j'ai reçu de ton Maître, si tu veux m'envisager.

GAMACHE *d'un air dédaigneux.*

N'attends pas de moi cet honneur.

CELIE.

Le fat! Il ne s'apperçoit pas que je me moque de lui.

D. CESAR *à Celie après avoir lû le Billet.*

Oui, ma chere Enfant, tu peux dire à ta Maîtresse que je ne manquerai pas d'y aller.

CELIE *s'en allant.*

Je vais lui porter cette nouvelle;

qui lui sera fort agreable. Adieu, Seigneur.

GAMACHE.

Adieu notre diamant.

SCENE III.

D. CESAR, GAMACHE.

D. CESAR.

Gamache.

GAMACHE.

Monsieur, hé bien ça, que dit ce papier ? Sçachons un peu quel nouveau piége vous tend l'Inconnuë.

D. CESAR.

Elle me mande qu'elle a gagné les femmes de Lisarde, & que si je puis me rendre cette nuit au Palais du Gouverneur, je trouverai à la porte une personne qui m'introduira dans l'appartement qu'elle y occupe.

GAMACHE.

Fort bien. Et sans façon, vous avez

fait réponse que vous ne manquerez pas d'y aller, comme si vous aviez dans vos poches les clefs de cette Tour.

D. CESAR.

Oui vraiment je le lui ai promis, & je tiendrai ma parole.

GAMACHE.

Vous ne sçauriez vous en dispenser, Je ne suis en peine que de sçavoir comment vous pourrez sortir d'ici.

D. CESAR.

Bon! Je ne vois pas qu'il y ait de l'impossibilité là-dedans.

GAMACHE.

Et moi, je n'y vois aucune possibilité. Les Gardes...

D. CESAR.

Les Gardes peuvent se laisser endormir au son de l'or... Mais quel Cavalier... Hé, c'est le Seigneur Don Juan.

SCENE IV.

D. CESAR, GAMACHE, D. JUAN.

D. JUAN.

PUisque les biens & les maux doivent être communs entre deux amis, je viens, mon cher D. César, m'affliger avec vous de la perte de votre liberté, & vous faire part en même tems de la joye dont je suis transporté.

D. CESAR.

Laissons-là mes chagrins, D. Juan. Ne nous entretenons que de vos plaisirs. Vous avez un air de satisfaction qui diminuë mes peines.. Vous êtes à ce que je vois, fort content.

D. JUAN.

J'ai bien sujet de l'être, cher ami. Je viens de voir Lisarde, & je ne puis vous exprimer jusqu'à quel point elle m'a paru charmante. Représentez-vous toutes

toutes les qualités aimables rassemblées dans une personne, & l'image que vous vous en ferez, sera celle de Lisarde. Enfin, l'amour ne pouvoit me réserver une épouse plus parfaite, & je suis le plus heureux de tous les hommes.

D. CESAR.

Pour vous parler sur le même ton, je vous dirai que je suis charmé aussi d'une autre Dame, qui me mande, par un billet que je viens de recevoir de sa part, qu'elle souhaitteroit de me voir & de m'entretenir cette nuit, si je pouvois trouver moyen de sortir de prison. Ce qu'il y a de plaisant, c'est que je lui ai fait dire que je ne manquerai pas de me rendre auprès d'elle, comme si j'étois assuré de le pouvoir faire.

D. JUAN.

Je puis vous servir en cela... *à Gamache*..... Mon enfant, va dire à l'Alcade de ce Château que je le prie de venir ici... *à D. César*... Il est de mes amis, & je ne crois pas qu'il refuse à ma prière de vous laisser sortir cette nuit.

Tome II. E

D. CESAR.

Vous me ferez un très-grand plaisir, si vous obtenez cela de lui.

D. JUAN.

J'ose m'en flatter ; Quoique ce soit peut-être le sujet du monde le moins capable de se relâcher de son devoir.

SCENE V.

D. CESAR, D. JUAN, L'ALCADE, GAMACHE.

L'ALCADE.

QUE voulez-vous Don Juan ?

D. JUAN.

Vous apprendre que dans la personne de D. César Ursin vous avez un autre moi-même.

L'ALCADE.

Il n'étoit pas besoin de me recommander d'une maniere si puissante un Cavalier qui porte avec lui sa recommandation.

COMEDIE. 67

D. JUAN.

Ce n'eſt pas tout. Je veux l'emmener avec moi cette nuit dans une maiſon où ſa préſence ſera néceſſaire ; me le permettrez-vous ? Puis-je mettre votre amitié à une ſi forte épreuve ?

L'ALCADE.

Il m'eſt ordonné de veiller ſur lui & de le garder à vûë ; mais les loix n'ont point de force ſur moi lorſqu'il s'agit de vous obliger. Votre ami ſortira cette nuit de ce Château, pourvû qu'il promette d'y rentrer demain avant l'Aurore.

D. CESAR.

Oui, Seigneur Alcade, comptez que je ſerai de retour ici avant que le jour ait achevé de chaſſer les ombres de la nuit.

D. JUAN.

C'eſt de quoi je vous réponds auſſi ; & de plus, je prends ſur mon compte tous les événemens qui pourront arriver.

(*L'Alcade s'en va.*)

F ij

SCENE VI.
D. JUAN, D. CESAR, GAMACHE.

D. JUAN.

Vous êtes libre, Don Cesar. Allons où l'amour vous appelle.

D. CESAR.

Non, Don Juan, laissez-moi, s'il vous plaît, aller seul.

D. JUAN.

Je n'ai garde d'abandonner un ami que j'expose moi-même au péril.

D. CESAR.

Ne m'accompagnez point.

D. JUAN.

Il est inutile de vous en défendre.

D. CESAR *à part.*

Je ne le menerai pas chez son beau-pere.

D. JUAN.

Pourquoi vous opposer à mon dessein.

COMEDIE 69

D. CESAR.

De grace, ne vous obstinez pas à vouloir venir avec moi. J'ai des raisons pour me rendre seul à l'endroit où je suis attendu.

D. JUAN.

C'est une défaite.

D. CESAR.

Non, c'est une chose que l'on exige de moi.

D. JUAN.

Cela étant, je ne puis plus sans indiscretion vouloir vous accompagner. Adieu, Don Cesar, je ne veux pas vous gêner.

D. CESAR.

Sans adieu, cher ami.

SCENE VII.

D. CESAR, GAMACHE.

GAMACHE.

NOus pouvons donc sortir d'ici. Le Ciel en soit loué. Il ne tiendra qu'à vous de reparer la sottise que vous avez faite de vous laisser prendre.

D. CESAR.

C'est-à-dire que tu me conseillerois de sortir de ce château pour n'y plus rentrer. N'est-ce pas ?

GAMACHE.

Ma foi, oui. Je laisserois la fusée à démêler à l'Alcade & à Don Juan.

D. CESAR.

C'est ce que je ferois, si j'étois, comme toi, un homme sans cœur & sans honneur ! Misérable, tu voudrois que je manquasse de parole à l'Alcade pour prix de m'avoir rendu un grand service.

GAMACHE.

Je ne trouve pas que ce service soit si considérable, puisqu'il ne nous tire point d'affaire.

D. CESAR.

Tais-toi, je suis las d'entendre tes sots discours.

GAMACHE.

Vous suivrai-je au rendez-vous ?

COMEDIE. 71

D. CESAR.
Non, demeure. Je n'ai pas besoin de toi.

GAMACHE.
Tant mieux. Les avantures nocturnes ne sont gueres de mon goût.

SCENE VIII.

Le Theatre change en cet endroit & représente l'appartement de Lisarde. On voit un flambeau sur une table.

LISARDE, NISE.

LISARDE.
Nise?

NISE.
Madame?

LISARDE.
Mon pere est-il couché?

NISE.
Il y a longtems.

LISARDE.
Et Don Juan?

NISE.

Il doit l'être aussi, de même que notre prisonniere.

LISARDE.

Que fait Célie ?

NISE.

Ce que vous lui avez ordonné. Elle attend le Cavalier à la porte pour l'introduire ici secretement, s'il est assez adroit pour trouver moyen de sortir de la tour. Mais.....

LISARDE.

Mais quoi ?

NISE.

Franchement, Madame, je crains qu'il n'ait compté sans son hôte, quand il vous a mandé qu'il viendroit.

LISARDE.

Oh que non. J'ai trop bonne opinion de son esprit pour douter qu'il vienne. Tu le verras paroître dans un moment.

NISE.

En effet, je crois déja entendre marcher doucement dans l'antichambre.

LISARDE.

COMEDIE.

LISARDE.

Et moi aussi.

NISE.

Quelqu'un vient assurément.

LISARDE.

Justement, voilà notre homme.

SCENE IX.

LISARDE, NISE, D. CESAR, CELIE.

CELIE *à D. Cesar.*

FAisons le moins de bruit qu'il nous sera possible. Lisarde & son pere couchent dans des appartemens voisins de celui-ci, & peut-être ne sont-ils pas encore endormis.

LISARDE *à D. Cesar.*

Je me réjouis de votre heureuse arrivée..... *à Celie......* Celie, faites la sentinelle du côté de Monsieur le Gouverneur ; & vous, Nise, ma chere amie, tenez-vous à la porte de l'appartement de Lisarde. Soyez toutes deux bien alertes.

NISE.

Il le faut bien vraiment. Je ne vais qu'en tremblant occuper mon poste,

LISARDE.

Hé d'où vient ?

NISE.

Vous ne connoissez pas Lisarde, C'est un petit démon en fait d'honneur. Si elle sçavoit ce qui se passe actuellement ici, nous serions perdues, Celie & moi.

Celie & Nise se retirent.

D. CESAR *à Lisarde.*

Que j'avois d'impatience de vous revoir, Madame ! de grace, calmez l'inquiétude qui m'agite. Pourquoi avez-vous été arrêtée avec moi ? Plus j'y pense, & moins j'en pénetre la cause.

LISARDE.

Vous devriez pourtant avoir moins de peine qu'un autre à la deviner. Pouvez-vous être surpris que le Gouverneur cherchant une Dame que vous avez enlevée, m'ait arrêtée pour elle?

COMEDIE.

D. CESAR.

Qui, moi ! J'aurois enlevé une Dame ! Vous ne parlez pas sérieusement.

LISARDE.

Pardonnez-moi.

D. CESAR.

Qui peut m'accuser de ce crime ?

LISARDE.

Pourquoi le nier ? On en a des preuves inconteftables ; & vous n'êtes prisonnier que pour l'avoir commis.

D. CESAR.

Si cela est, je suis donc en prison fort injustement, & j'ai sujet de me plaindre du Gouverneur.

LISARDE.

C'est, ce que je ne crois pas. Si vous n'avez effectivement enlevé aucune Dame, vous pouvez n'en être pas moins coupable. Que sçai-je ? Vous avez peut-être, après la foi jurée, abandonné quelque beauté trop crédule dont les parens vous poursuivent en justice..... Mais, je vois que vous vous troublez à ces paroles. Ah !

si vous n'êtes pas un ravisseur, avouez que vous êtes un amant parjure.

D. CESAR *troublé.*

Madame!

LISARDE.

C'est un fait constant. Demeurez-en d'accord de bonne grace.

D. CESAR *se remettant.*

Hé bien, j'en conviendrai donc. Je suis un amant parjure ; mais c'est à vous, Madame, qu'il faut reprocher mon infidélité, puisque ce n'est qu'en vous voyant que je suis devenu infidele.

SCENE X.

LISARDE, D. CESAR, CELIE.

CELIE *toute essoufflée.*

Madame....

LISARDE.

Qu'y a-t-il donc, Celie ? Tu parois effrayée. Que viens-tu m'annoncer ? Quelqu'un m'auroit-il trahie ?

COMEDIE. 77

CELIE.

Je le crois. Un domestique de Don Juan m'aura vû sans doute introduire ce Cavalier. Il en aura donné avis à son Maître, qui l'épée à la main en fait la recherche par toute la maison.

LISARDE.

Je suis perdue !.... *à D. Cesar*.... Cachez-vous, Seigneur, derriere ce paravant.

D. Cesar se cache derriere le paravant, & Lisarde se retire dans la chambre où elle couche.

SCENE XI.

D. JUAN *seul*.

Il tient d'une main son épée, & de l'autre un flambeau.

CHerchons partout le téméraire qui est entré dans cette maison. Qu'il n'échappe pas à ma vengeance.

D. Juan apperçoit Don Cesar qui lui fait signe de se taire.

Que vois-je ? Cesar Ursin caché dans l'appartement de Lisarde ! O ciel ! que

G iij

dois-je faire ! Faut-il que je perce en ce moment ce traitre qui m'offense ? Non, laissons-le retourner au Château, puisque j'ai répondu de son retour à l'Alcade; & demain, il me fera raison de sa perfidie.....

SCENE XII.

D. JUAN, D. CESAR.

D. JUAN *à D. Cesar.*

Sortez, Cesar, & retournez au château d'où vous êtes venu ici par mon entremise porter un coup mortel à mon honneur.

D. CESAR.

Ah ! Don Juan, permettez que je me justifie.

D. JUAN.

Laissons-là les excuses frivoles.

D. CESAR.

Ecoutez-moi, de grace.

D. JUAN.

Que pouvez-vous dire, perfide ?

Vous qui trahissez ma confiance & mon amitié en vous attachant à Lisarde dont vous sçavez que je vais devenir l'époux.

D. CESAR.

Vous êtes dans l'erreur : apprenez, cher ami, que ce n'est point Lisarde que je viens chercher ici ; c'est une Dame qui a été prise avec moi dans le jardin, & que le Gouverneur tient chez lui prisonniere.

D. JUAN.

Hé pourquoi ne m'avez-vous pas dit cela tantôt ?

D. CESAR.

Je vous en ai fait un mystere par discrétion. Je n'ai pas voulu par respect pour la maison de votre épouse, vous dire que c'étoit chez le Gouverneur que j'avois un rendez-vous. En un mot, Don Juan, je n'ai porté aucune atteinte à votre honneur. Je n'ai point trahi votre confiance, ni trompé votre amitié.

D. JUAN.

C'est ce que je prétends approfon-

80 D. CESAR URSIN.

dir. Vous pouvez sortir. Retournez au Château. Vous m'y verrez demain.

D. CESAR.

Vous m'y trouverez.

Don Cesar sort & Don Juan retourne à son appartement.

Fin du quatriéme Acte.

ACTE CINQUIEME.

SCENE PREMIERE.

D. JUAN *seul.*

Quelle affreuse nuit j'ai passée ! Qu'elle ma paru longue ! Je croyois que le jour ne reviendroit jamais. Envain Don Cesar s'est servi de bonnes raisons pour se justifier, je ne puis être tranquile que je ne sois entierement desabusé ; mais comment puis-je l'être ? Il y en a un moyen infaillible. Parlons à la Dame qui est prisonniere dans cette maison. Ce n'est que de sa

COMEDIE.

bouche que je puis tirer la verité. Attendons qu'elle sorte de son appartement. L'entretien que je vais avoir avec elle, va décider de la conduite que je dois tenir avec Cesar Ursin.

SCENE II.

D. JUAN, FLERIDE *sortant de son appartement.*

FLERIDE.

C'Est vous, Seigneur Don Juan ! Qui vous amene ici de si bon matin ?

D. JUAN.

Madame, permettez que je vous demande un éclaircissement d'où dépend le repos de ma vie, & qu'il vous importe de me donner.

FLERIDE.

Seigneur, je suis prête à vous satisfaire. Vous n'avez qu'à parler. De quoi est-il question ?

D. JUAN.

Mais, de grace, ne me déguisez rien.

Ayez une entiere confiance en moi. Étant ce que je m'imagine que vous êtes, vous devez être persuadée que j'épouse vos interêts. Vous pouvez donc franchement répondre aux questions que je vais prendre la liberté de vous faire.

FLERIDE.

Je vous l'ai déja dit, parlez.

D. JUAN.

Connoissez-vous Cesar Ursin ?

FLERIDE.

Hélas ! plût au Ciel que je ne l'eusse jamais connu. Il est l'auteur de mon infortune, & sans lui je ne serois pas à Gaëte.

D. JUAN.

Bas... Je suis content de sa réponse... *haut...* lui auriez-vous donné occasion de vous entretenir la nuit ?

FLERIDE.

Plus d'une fois, malgré le péril que nous courions l'un & l'autre.

D. JUAN.

Bas... Je respire : l'innocence de

Cesar se découvre. *haut*... Enfin, Madame, dites-moi si dans un Jardin où l'amour vous avoit assemblés tous deux...

FLERIDE.

Ah! ne poursuivez pas, je vous prie; C'est dans ce funeste Jardin qu'il m'est arrivé un malheur auquel je ne puis penser sans ressentir une douleur mortelle.

D. JUAN.

C'est assez ; vous me rendez la vie. Pardonne-moi, Cesar, mon cher ami, d'avoir pû soupçonner ta fidelité. Je suis détrompé... Madame, ne parlez point de tout ceci à Lisarde. Adieu.

FLERIDE.

Où allez-vous ?

D. JUAN.

Je n'ai pas besoin d'en sçavoir davantage. Je vais voir Cesar Ursin qui, comme vous sçavez, est prisonnier dans le Château de cette Ville.

(*D. Juan s'en va.*)

SCENE III.

FLERIDE seule.

Attendez, Don Juan, un mot... mais il m'échappe. O Ciel! Que vient-il de me dire? Si je l'ai bien entendu, Don Cesar est à Gaëte & en prison dans le Château. J'en pénétre la cause : comme je suis sortie de Naples presqu'en même-tems que Cesar Ursin, mon pere s'imagine apparemment que ce Cavalier m'a enlevée, & le croyant mon ravisseur, il aura écrit à D. Fernand pour le prier de le faire arrêter s'il passoit par Gaëte Quoiqu'il en soit, je vais trouver Cesar, puisque j'ai attaché mon sort au sien, je dois partager le péril où je l'ai jetté par ma fuite. Hâtons-nous de nous rendre...

COMEDIE. 85

SCENE IV.

FLERIDE, LISARDE, CELIE.

LISARDE.

Où Madame ?

FLERIDE.

Au Château de cette Ville. Prenez part à ma joye, genereuse Lisarde. Le Cavalier que je cherche est à Gaëte en prison dans le Château. Vous voulez bien qu'après vous avoir rendu mille graces de l'azyle que m'ont accordé vos bontés, j'aille rejoindre cet amant cheri ? Je brûle d'impatience de le revoir.

LISARDE.

Résistez, Madame, aux mouvemens impétueux qui vous agitent. Une fille ne sort pas ainsi sans façon pour aller voir un homme.

FLERIDE.

C'est mon époux.

LISARDE.

Il ne l'est pas encores

FLERIDE.

Puisque je suis venue de Naples ici toute seule, je puis bien, ce me semble, aller d'ici à la prison.

CELIE.

Oh! que non. Vous n'êtes plus dans la situation où vous étiez lorsque vous êtes arrivée à Gaëte.

FLERIDE.

Je ne vois pas que je sois dans un autre état.

LISARDE.

Celie a raison. Vous êtes présentement sous ma garde. Je suis responsable de vos démarches & chargée du soin de votre honneur. En un mot, je dois veiller sur vous. Si je vous laissois sortir, & que pendant ce tems-là mon pere revînt, que diroit-il de ma complaisance?

FLERIDE.

Je serai rentrée avant son retour. Je ne veux seulement que joüir un instant de la vûë de mon cher prisonnier.

COMEDIE. 87

CELIE.

Oüi, mais c'est ce que nous ne voulons pas, nous.

FLERIDE.

Je suis fort étonnée de votre opposition.

CELIE.

Et nous le sommes encore davantage de votre entêtement.

SCENE V.

FLERIDE, LISARDE, CELIE, LE GOUVERNEUR.

LE GOUVERNEUR.

Qu'est-ce que j'entends ? Quelle contestation avez-vous donc ensemble ?

LISARDE.

Seigneur, cette Dame s'ennuye déja dans votre maison ; elle veut sortir en dépit de nous.

FLERIDE.

Assurément. Je veux m'en aller.

LE GOUVERNEUR.

Comment donc, Madame, n'y a-t-il qu'à dire : je le veux ?

FLERIDE.

Sans doute. Si vous sçavez qui je suis, devez-vous m'empêcher d'aller voir Cesar Ursin dans sa prison ?

LE GOUVERNEUR.

Oüi vraiment; & c'est afin que vous ne lui parliez pas que je vous retiens chez moi prisonniere.

FLERIDE.

Qui moi, je suis prisonniere ?

LE GOUVERNEUR.

Quoi ! vous oubliez déja l'avanture du Jardin ?

FLERIDE.

Non, Seigneur, j'y suis trop sensible pour que j'en puisse perdre la mémoire.

LE GOUVERNEUR.

Hier, ne futes-vous pas arrêtée, & conduite ici ?

FLERIDE.

Arrêtée! permettez-moi, Seigneur, de vous dire que non.

LISARDE.

COMEDIE.

LISARDE *bas à Celie.*

Tout va se découvrir.

CELIE *bas à Lisarde.*

Il faut payer d'audace.

LE GOUVERNEUR *à Fleride.*

Est-il possible, ma chere Fleride, que vous ne vous souveniez plus de ce qui se passa hier entre nous ? Cela est inconcevable.

FLERIDE.

Madame, & vous Celie, dites la verité. Vous ne l'ignorez pas. Sur quel pied suis-je dans cette maison ?

LISARDE.

Sur le pied d'une fille de qualité que nous cherissons, que nous gardons soigneusement, & dont mon pere veut rétablir l'honneur que l'amour a un peu terni.

CELIE *à Fleride.*

Oüi, Madame, voilà de quelle façon vous êtes ici prisonniere. Vous ne l'êtes pas autrement... *bas au Gouverneur...* Comme elle a l'esprit un peu troublé, il vaut mieux la flatter que la contredire.

LE GOUVERNEUR *bas à Celie.*

Tu as raison. Il faut la ménager, de peur qu'elle ne devienne folle, car la tête, ce me semble, commence à lui tourner.

CELIE *bas au Gouverneur.*

A vûë d'œil.

LE GOUVERNEUR *bas à Celie.*

La pauvre enfant! Que je suis touché de son malheur!

FLERIDE.

Monsieur le Gouverneur dit que j'ai été arrêtée & conduite ici. Vous sçavez bien le contraire.

CELIE *bas au Gouverneur.*

Vous l'entendez.

LE GOUVERNEUR *bas à Celie.*

Ne la contredisons point.

CELIE *bas au Gouverneur.*

Non. Feignons de croire tout ce qu'elle voudra nous dire.

FLERIDE.

Parlez, Celie, ne suis-je pas venu demander un azyle dans cette maison?

CELIE.

Oüi vraiment, & nous vous l'avons accordé comme à une personne de condition que la fortune persecutoit.

FLERIDE.

Cela étant, je n'y suis donc pas prisonniere.

CELIE

Hé non; mais nous sommes un peu roides sur les bienséances. Nous ne voulons pas que vous parliez à votre amant que pour l'épouser.

SCENE VI.

LE GOUVERNEUR, LISARDE, FLERIDE, CELIE, UN PAGE.

Le Page *au Gouverneur.*

UN Courier qui vient d'arriver de Naples attend dans la chambre prochaine le moment de vous présenter ses dépêches.

Le Gouverneur.

Qu'on le fasse entrer, voyons ce que m'écrit Prosper Colone.

SCENE VII.

LE GOUVERNEUR, LISARDE, FLERIDE, CELIE, FELIX.

Felix *remettant ses dépêches au Gouverneur.*

SEigneur, j'ai fait toute la diligence possible.

Le Gouverneur *ouvrant la lettre.*

Je le vois bien.

FLERIDE *à part reconnoissant Felix.*

C'est Felix! Mon pere apparemment l'envoye au Gouverneur de Gaëte. Je vais aprendre mon sort.

LE GOUVERNEUR *après avoir lû la lettre dit à Fleride.*

Madame, cessez de vous plaindre de la fortune. Vos malheurs sont finis. Le Cavalier que Don Cesar croit avoir tué n'est pas mort; & vous pourrez retourner à Naples avec votre amant, aussi-tôt que l'hymen aura joint votre destinée à la sienne. Je vais lui porter cette nouvelle au Château, & le remettre en liberté. Vous le verrez dans un moment... *Il sort.*

SCENE VIII.

LISARDE, FLERIDE, CELIE.

LISARDE.

Nous pardonnez-vous, belle Fleride, le petit chagrin que nous vous avons causé en nous opposant à votre sortie?

FLERIDE.

Mais auſſi pourquoi M. le Gouverneur m'a-t-il dit qu'il me retenoit chez lui priſonniere?

LISARDE.

Cela ne doit pas vous étonner. Mon pere ſur une lettre du vôtre a fait arrêter D. Ceſar; & comme il vous cherchoit auſſi pour vous faire le même traitement, vous êtes venue vous-même vous livrer à lui en vous refugiant dans ſa maiſon. Voilà pourquoi il vous regarde comme ſa priſonniere. Et n'a-t-il pas raiſon?

FLERIDE.

J'en demeure d'accord; & je n'ai plus rien à vous dire.

CELIE à *Fleride*.

Vous ne trouvez donc plus mauvais que nous ayons voulu vous empêcher de ſortir?

FLERIDE.

Vous n'avez fait que ce que vous deviez faire?

SCENE IX.

LISARDE, FLERIDE, CELIE, D. JUAN.

D. JUAN *à Fleride.*

MAdame, je prends part à la joye que doivent vous causer les heureuses nouvelles qui sont venues de Naples. Le Seigneur Don Fernand est actuellement avec Cesar Ursin qu'il va faire sortir de prison, & il prétend dès ce jour vous unir ensemble. Je suis charmé de ce changement.

LISARDE *bas à Celie.*

Ah, Celie, quel sujet de mortification pour moi !

CELIE *bas à Lisarde.*

Rappellez votre raison. Cedez de bonne grace à la necessité.

FLERIDE *à D. Juan.*

Don Cesar & moi, Seigneur, nous n'oublierons jamais l'interêt que vous prenez à notre sort.

D. JUAN.

Hé comment pourrois-je ne pas m'intereſſer pour Don Ceſar. C'eſt mon meilleur ami.

CELIE *à Fleride.*

Nous nous intereſſons tous, Madame, pour lui & pour vous... *bas à Liſarde*... Contraignez-vous ; parlez. Dites-lui quelque choſe qui la flatte.

LISARDE *bas à Celie.*

Je vais donc dire ce que je ne penſe pas.

CELIE *bas.*

Ce ne ſera pas la premiere fois.

LISARDE *à Fleride froidement.*

Je me rejouis, Madame, de l'heureux ſuccès de votre voyage à Gaëte.

FLERIDE.

C'eſt à vos bontés, trop généreuſe Liſarde, que je dois mon bonheur.

SCENE X.

SCENE X. & derniere.

LISARDE, FLERIDE, CELIE, D. JUAN, LE GOUVERNEUR, D. CESAR, GAMACHE.

D. CESAR *bas à Gamache en appercevant Fleride.*

Juste Ciel ! c'est effectivement Fleride.

GAMACHE *bas à D. Cesar.*

Et votre Inconnue est Lisarde elle-même.

D. CESAR *bas.*

Je n'en puis douter.

GAMACHE *bas.*

Ne faites pas semblant de la connoître.

D. CESAR *bas.*

Laisse-moi faire.

LE GOUVERNEUR.

Oüi, Don Cesar, le Seigneur Prosper Colone veut bien oublier le passé, & vous accepter pour gendre. Vous épouserez ce soir sa fille, & demain vous la ramenerez à Naples, où vous recevrez de lui l'un & l'autre le meilleur traitement que vous puissiez attendre du plus affectionné de tous les peres.

D. CESAR.

Seigneur, Fleride & moi nous ne sçaurions assez vous remercier de vos bontés, & vous pouvez compter que nous en aurons tous deux une éternelle reconnoissance.

LE GOUVERNEUR à D Juan.

Il ne tiendra qu'à vous, Don Juan, de suivre l'exemple de Don Cesar, & d'être dès aujourd'hui l'époux de ma fille.

D. JUAN.

Si Lisarde y veut bien consentir, je serai au comble de mes vœux.

LISARDE.

Je ne resiste point aux volontés d'un pere.

CELIE bas.

Non, quand elles sont conformes aux vôtres.

LE GOUVERNEUR.

Ne songeons donc plus qu'à célébrer ce double hymenée.

Fin du cinquiéme & dernier Acte.

CRISPIN,
RIVAL
DE SON MAISTRE.

COMEDIE.

ACTEURS.

M. ORONTE, Bourgeois de Paris.

Mᵉ ORONTE ſa femme.

ANGELIQUE leur fille promiſe à Damis.

VALERE, Amant d'Angelique.

M. ORGON, Pere de Damis.

LISETTE, Suivante d'Angelique.

CRISPIN, Valet de Valere.

LA BRANCHE, Valet de Damis.

La Scene eſt à Paris.

CRISPIN

RIVAL DE SON MAISTRE.

COMEDIE.

SCENE PREMIERE.
VALERE, CRISPIN.

VALERE.

H, te voilà, bourreau !
CRISPIN.
Parlons sans emportement.
VALERE.
Coquin !

CRISPIN.

Laissons-là, je vous prie, nos qualités. De quoi vous plaignez-vous ?

VALERE.

De quoi je me plains, traitre ! tu m'avois demandé congé pour huit jours, & il y a plus d'un mois que je ne t'ai vû. Est-ce ainsi qu'un valet doit servir ?

CRISPIN.

Parbleu, Monsieur, je vous sers comme vous me payez. Il me semble que l'un n'a pas plus de sujet de se plaindre que l'autre.

VALERE.

Je voudrois bien sçavoir d'où tu peux venir ?

CRISPIN.

Je viens de travailler à ma fortune. J'ai été en Touraine avec un Chevalier de mes amis faire une petite expédition.

VALERE.

Quelle expédition ?

CRISPIN.

Lever un droit qu'il s'est acquis sur

les gens de province par sa maniere de jouer.

VALERE.

Tu viens donc fort à propos, car je n'ai point d'argent ; & tu dois être en état de m'en prêter.

CRISPIN.

Non, Monsieur, nous n'avons pas fait une heureuse pêche. Le poisson a vu l'hameçon, il n'a point voulu mordre à l'appas.

VALERE.

Le bon fond de garçon que voila ! Ecoute Crispin, je veux bien te pardonner le passé : j'ai besoin de ton industrie.

CRISPIN.

Quelle clémence !

VALERE.

Je suis dans un grand embarras.

CRISPIN.

Vos créanciers s'impatientent-ils ? ce gros Marchand à qui vous avez fait un billet de neuf cent francs pour trente pistoles d'étoffe qu'il vous a fourni, auroit-il obtenu sentence contre vous ?

VALERE.

Non.

CRISPIN.

Ah j'entends. Cette généreuse Marquise qui alla elle-même payer votre tailleur qui vous avoit fait assigner, a découvert que nous agissions de concert avec lui.

VALERE.

Ce n'est point cela, Crispin. Je suis devenu amoureux.

CRISPIN.

Oh oh ! Et de qui par avanture ?

VALERE.

D'Angelique, fille unique de Monsieur Oronte.

CRISPIN.

Je la connois de vûe, peste la jolie figure ! son pere, si je ne me trompe, est un Bourgeois qui demeure en ce logis, & qui est très-riche.

VALERE.

Oui, il a trois grandes maisons dans les plus beaux quartiers de Paris.

CRISPIN.

L'adorable personne qu'Angelique ?

VALERE.

De plus il passe pour avoir de l'argent comptant.

CRISPIN.

Je connois tout l'excès de votre amour. Mais où en êtes-vous avec la petite-fille ? Elle sçait vos sentimens.

VALERE.

Depuis huit jours que j'ai un libre accès chez son pere, j'ai si bien fait, qu'elle me voit d'un œil favorable, mais Lisette sa femme de chambre m'apprit hier une nouvelle qui me met au désespoir.

CRISPIN.

Eh que vous a-t-elle dit cette désespérante Lisette ?

VALERE.

Que j'ai un rival, que Monsieur Oronte a donné sa parole à un jeune homme de province qui doit incessamment arriver à Paris pour épouser Angélique.

CRISPIN.

Et qui est ce rival ?

Valere.

C'est ce que je ne sçai point encore. On appella Lisette dans le tems qu'elle me disoit cette fâcheuse nouvelle, & je fus obligé de me retirer sans apprendre son nom.

Crispin.

Nous avons bien la mine de n'être pas sitôt propriétaires des trois belles maisons de Monsieur Oronte.

Valere.

Va trouver Lisette de ma part, parle-lui, après cela nous prendrons nos mesures.

Crispin.

Laissez-moi faire.

Valere.

Je vais t'attendre au logis.

SCENE II.

CRISPIN *seul.*

Que je suis las d'être valet ! Ah, Crispin, c'est ta faute, tu as toujours donné dans la bagatelle, tu devrois préfentement briller dans la Finance. Avec l'efprit que j'ai, morbleu, j'aurois déja fait plus d'une banqueroute.

SCENE III.

CRISPIN, LA BRANCHE.

LA BRANCHE.

N'Eft-ce pas là Crifpin ?

CRISPIN.

Eft-ce Labranche que je vois ?

LA BRANCHE.

C'eft Crifpin, c'eft lui même.

CRISPIN.

C'eft Labranche, ou je meure ! l'heureufe rencontre ! que je t'embraffe mon cher. Franchement, ne te voyant plus paroître à Paris, je craignois que quelque arrêt de la Cour ne t'en eût éloigné.

LA BRANCHE.

Ma foi, mon ami, je l'ai échappé belle depuis que je ne t'ai vû. On m'a voulu donner de l'occupation fur mer;

j'ai pensé être du dernier détachement de la Tournelle.

CRISPIN.

Tudieu ! qu'avois-tu donc fait ?

LA BRANCHE.

Une nuit je m'avisai d'arrêter dans une ruë détournée un marchand étranger pour lui demander par curiosité des nouvelles de son pays. Comme il n'entendoit pas le françois, il crut que je lui demandois la bourse, il crie au voleur, le guet vient, on me prend pour un fripon, on me mene au Châtelet, j'y ai demeuré sept semaines.

CRISPIN.

Sept semaines ?

LA BRANCHE.

J'y aurois demeuré bien davantage sans la niéce d'une revendeuse à la toilette.

CRISPIN.

Est-il vrai ?

LA BRANCHE.

On étoit furieusement prévenu contre moi, mais cette bonne amie se donna tant de mouvement, qu'elle fit connoître mon innocence.

CRISPIN.

Il est bon d'avoir de puissans amis.

LA BRANCHE.

Cette avanture m'a fait faire des réflexions.

CRISPIN.

Je le crois, tu n'es plus curieux de sçavoir des nouvelles des pays étrangers.

LA BRANCHE.

Non, ventrebleu, je me suis remis dans le service. Et toi, Crispin, travaille-tu toujours ?

CRISPIN.

Non, je suis comme toi un fripon honoraire. Je suis rentré dans le service aussi; mais je sers un maître sans bien, ce qui suppose un valet sans gages; je ne suis pas trop content de ma condition.

LA BRANCHE.

Je le suis assez de la mienne, moi, je me suis retiré à Chartres, j'y sers un jeune homme appellé Damis; c'est un aimable garçon, il aime le jeu, le vin, les femmes ; c'eſt un homme univerſel ; nous faiſons enſemble toutes ſortes de débauches ; cela m'amuſe, cela me détourne de mal faire.

CRISPIN.

L'innocente vie !

LA BRANCHE.

N'eſt-il pas vrai ?

CRISPIN.

Aſſurément. Mais dis-moi, Labranche, qu'eſt-tu venu faire à Paris ? où vas-tu ?

LA BRANCHE.

Je vais dans cette maiſon.

CRISPIN.

Chez Monſieur Oronte ?

LA BRANCHE.

Sa fille eſt promiſe à Damis.

CRISPIN.

Angelique promiſe à ton maître ?

LA BRANCHE.

Monſieur Orgon Pere de Damis étoit à Paris il y a quinze jours, j'y

DE SON MAISTRE.

étois avec lui; nous allâmes voir Monsieur Oronte qui est de ses anciens amis, & ils arrêterent entre eux ce mariage.

CRISPIN.

C'est donc une affaire resoluë,

LA BRANCHE.

Oui, le contrat est déja signé des deux peres & de Madame Oronte; la dot qui est de vingt mille écus en argent comptant est toute prête, on n'attend que l'arrivée de Damis pour terminer la chose.

CRISPIN.

Ah parbleu cela étant, Valere mon maître n'a donc qu'à chercher fortune ailleurs.

LA BRANCHE.

Quoi ton maître?

CRISPIN.

Il est amoureux de cette même Angelique: mais puisque Damis.....

LA BRANCHE.

Oh Damis n'épousera point Angelique, il y a une petite difficulté.

CRISPIN.

Eh quelle ?

LA BRANCHE.

Pendant que son pere le marioit ici, il s'est marié à Chartres lui.

CRISPIN.

Comment donc ?

LA BRANCHE.

Il aimoit une jeune personne avec qui il avoit fait les choses, de maniere qu'au retour du bon homme Orgon, il s'est fait en secret une assemblée de parens. La fille est de condition, Damis a été obligé de l'épouser.

CRISPIN.

Oh cela change la these.

LA BRANCHE.

J'ai trouvé les habits de nôces de mon Maître tous faits, j'ai ordre de les emporter à Chartres, aussi-tôt que j'aurai vû Monsieur & Madame Oronte, & retiré la parole de M. Orgon.

CRISPIN.

Retirer la parole de M. Orgon !

LA BRANCHE.

DE SON MAISTRE.

LA BRANCHE.

C'est ce qui m'amène à Paris, sans adieu Crispin, nous nous reverrons.

CRISPIN.

Attends la Branche, attends mon enfant, il me vient une idée, dis-moi un peu, ton Maître est-il connu de M. Oronte ?

LA BRANCHE.

Ils ne se sont jamais vûs.

CRISPIN.

Ventrebleu si tu voulois, il y auroit un beau coup à faire ; mais après ton avanture du Châtelet, je crains que tu ne manques de courage.

LA BRANCHE.

Non non, tu n'as qu'à dire, une tempête essuyée n'empêche point un bon matelot de se remettre en mer. Parle ; de quoi s'agit-il ? est-ce que tu voudrois faire passer ton Maître pour Damis ? & lui faire épouser.

CRISPIN.

Mon Maître ! fy donc, voilà un plaisant gueux pour une fille comme Angelique. Je lui destine un meilleur parti.

LA BRANCHE.

Qui donc ?

CRISPIN.

Moi.

LA BRANCHE.

Malepeste tu as raison, cela n'est pas mal-imaginé au moins.

CRISPIN.

Je suis aussi amoureux d'elle.

LA BRANCHE.

J'approuve ton amour.

CRISPIN.

Je prendrai le nom de Damis.

LA BRANCHE.

C'est bien dit.

CRISPIN.

J'épouserai Angelique.

LA BRANCHE.

J'y consens.

CRISPIN.

Je toucherai la dot.

LA BRANCHE.

Fort bien !

CRISPIN.

Et je disparoîtrai avant qu'on en vienne aux éclaircissemens.

LA BRANCHE.

Expliquons-nous mieux sur cet article.

CRISPIN.

Pourquoi?

LA BRANCHE.

Tu parles de disparoître avec la dot sans faire mention de moi. Il y a quelque chose à corriger dans ce plan là.

CRISPIN.

Oh nous disparoîtrons ensemble.

LA BRANCHE.

A cette condition là, je te sers de croupier. Le coup, je l'avouë est un peu hardi; mais mon audace se réveille, & je sens que je suis né pour les grandes choses. Où irons-nous cacher la dot?

CRISPIN.

Dans le fond de quelque Province éloignée.

LA BRANCHE.

Je crois qu'elle sera mieux hors du Royaume, qu'en dis-tu?

CRISPIN.

C'est ce que nous verrons. Apprends-moi de quel caractere est M. Oronte.

LA BRANCHE.

C'est un Bourgeois fort simple, un petit génie.

CRISPIN.

Et Madame Oronte ?

LA BRANCHE.

Une femme de vingt-cinq à soixante ans, une femme qui s'aime, & qui est d'un esprit tellement incertain, qu'elle croit dans le même moment le pour & le contre.

CRISPIN.

Cela suffit, il faut à present emprunter des habits pour....

LA BRANCHE.

Tu peux te servir de ceux de mon Maître, oüi justement tu es à peu près de sa taille.

CRISPIN.

Peste ! il n'est pas mal-fait.

LA BRANCHE.

Je vois sortir quelqu'un de chez M.

Oronte, allons dans mon auberge concerter l'exécution de notre entreprise.

CRISPIN.

Il faut auparavant que je courre au logis parler à Valere, & que je l'engage par une fausse confidence à ne point venir de quelques jours chez M. Oronte. Je t'aurai bientôt rejoint.

SCENE IV.

ANGELIQUE, LISETTE.

ANGELIQUE.

Oui, Lisette, depuis que Valere m'a découvert sa passion, un secret chagrin me dévore, & je sens que si j'épouse Damis, il m'en coutera le repos de ma vie.

LISETTR.

Voilà un dangereux homme que ce Valere.

ANGELIQUE.

Que je suis malheureuse ! entre dans ma situation, Lisette ! que dois-je faire ? conseille moi, je t'en conjure.

LISETTE.

Quel conseil pouvez-vous attendre de moi.

ANGELIQUE.

Celui que t'inspirera l'interêt que tu prends à ce qui me touche.

LISETTE.

On ne peut vous donner que deux sortes de conseils, l'un d'oublier Valere, & l'autre de vous roidir contre l'autorité paternelle : vous avez trop d'amour pour suivre le premier, j'ai la conscience trop délicate, pour vous donner le second, cela est embarassant comme vous voyez.

ANGELIQUE.

Ah ! Lisette tu me desesperes.

LISETTE.

Attendez, il me semble pourtant que l'on peut concilier votre amour & ma conscience ; oüi, allons trouver votre mere.

ANGELIQUE.

Que lui dire ?

LISETTE.

Avoüons-lui tout, elle aime qu'on

la flatte, qu'on la careffe ; flattons-là, careffons-là ; dans le fonds elle a de l'amitié pour vous, & elle obligera peut-être M. Oronte à retirer fa parole.

ANGELIQUE.

Tu as raifon, Lifette, mais je crains...

LISETTE.

Quoi ?

ANGELIQUE.

Tu connois ma mere, fon efprit a fi peu de fermeté.

LISETTE.

Il eſt vrai quelle eſt toujours du fentiment de celui qui lui parle le dernier, n'importe ne laiffons pas de l'attirer dans notre parti. Mais je la vois, retirez-vous pour un moment, vous reviendrez quand je vous en ferai figne.

SCENE V.

Me. ORONTE, LISETTE.

LISETTE sans faire semblant de voir Me. Oronte.

IL faut convenir que Me. Oronte est une des plus aimables femmes de Paris.

Me. ORONTE.

Vous êtes flatteuse, Lisette.

LISETTE.

Ah Madame, je ne vous voyois pas! Ces paroles que vous venez d'entendre, sont la suite d'un entretien que je viens d'avoir avec Mademoiselle Angelique au sujet de son mariage. Vous avez, lui disois-je, la plus judicieuse de toutes les meres, la plus raisonnable.

Me. ORONTE.

Effectivement Lisette, je ne ressemble guéres aux autres femmes. C'est toujours la raison qui me détermine.

LISETTE.

Sans doute.

Me. ORONTE.

DE SON MAISTRE.

Me. ORONTE.

Je n'ai ni entêtement ni caprice.

LISETTE.

Et avec cela vous êtes la meilleure mere du monde; je mets en fait que si votre fille avoit de la répugnance à épouser Damis, vous ne voudriez pas contraindre là-dessus son inclination.

Me. ORONTE.

Moi la contraindre ! moi gêner ma fille ! à Dieu ne plaise que je fasse la moindre violence à ses sentimens. Dites-moi, Lisette, auroit-elle de l'aversion pour Damis ?

LISETTE.

Eh mais...

Me. ORONTE.

Ne me cachez rien.

LISETTE.

Puisque vous voulez sçavoir les choses, Madame, je vous dirai qu'elle a de la répugnance pour ce mariage.

Me. ORONTE.

Elle a peut-être une passion dans le coeur.

Tome II.

LISETTE.

Oh! Madame, c'est la regle. Quand une fille a de l'aversion pour un homme qu'on lui destine pour mari, cela suppose toujours qu'elle a de l'inclination pour un autre. Vous m'avez dit, par exemple, que vous haïssiez M. Oronte la premiere fois qu'on vous le proposa, parce que vous aimiez un Officier qui mourut au siége de Candie.

Me. ORONTE.

Il est vrai que si ce pauvre garçon ne fut pas mort, je n'aurois jamais épousé M. Oronte.

LISETTE.

Hé-bien Madame, Mademoiselle votre fille est dans la même disposition où vous êtiez avant le siége de Candie

Me. ORONTE.

Eh! qui est donc le Cavalier qui a trouvé le secret de lui plaire?

LISETTE.

C'est ce jeune Gentilhomme qui vient joüer chez vous depuis quelques jours.

Me. ORONTE.

Qui? Valere.

DE SON MAISTRE.

LISETTE.

Lui-même.

Me. ORONTE.

A propos vous m'en faites souvenir, il nous regardoit hier Angelique & moi avec des yeux si passionnez ! Estes-vous bien assurée, Lisette, que c'est de ma fille qu'il est amoureux.

LISETTE *fait signe à Angelique de s'approcher.*

Oüi, Madame, il me l'a dit lui-même, & il m'a chargé de vous prier de sa part de trouver bon qu'il vienne vous en faire la demande.

SCENE VI.

Me. ORONTE, ANGELIQUE, LISETTE.

ANGELIQUE.

PArdonnez, Madame, si mes sentimens ne sont pas conformes aux vôtres, mais vous sçavez…

Me. ORONTE.

Je sçai bien qu'une fille ne regle pas

toûjours les mouvemens de son cœur sur les vûës de ses parens; mais je suis tendre, je suis bonne, j'entre dans vos peines. En un mot j'agrée la recherche de Valere.

ANGELIQUE.

Je ne puis vous exprimer, Madame, tout le ressentiment que j'ai de vos bontés.

LISETTE.

Ce n'est pas assez, Madame; Monsieur Oronte est un petit opiniâtre, si vous ne soûtenez pas avec vigueur...

Me. ORONTE.

Oh n'ayez point d'inquiétude là-dessus; je prens Valere sous ma protection, ma fille n'aura point d'autre époux que lui, c'est moi qui vous le dis; mon mari vient, vous allez voir de quel ton je vais lui parler.

SCENE VII.

Me. ORONTE, M. ORONTE, ANGÉLIQUE, LISETTE.

Me. ORONTE.

Vous venez fort à propos, Monsieur, j'ai à vous dire que je ne suis plus dans le dessein de marier ma fille à Damis.

M. ORONTE.

Ah ah! peut-on sçavoir, Madame, pourquoi vous avez changé de résolution?

Me. ORONTE.

C'est qu'il se présente un meilleur parti pour Angélique. Valere la demande, il n'est pas à la verité si riche que Damis; mais il est Gentilhomme, & en faveur de sa noblesse, nous devons lui passer son peu de bien.

LISETTE.

Bon.

M. ORONTE

J'estime Valere, & sans faire attention à son peu de bien, je lui donnerois très-volontiers ma fille, si je le pouvois avec honneur ; mais cela ne se peut pas, Madame.

Me. ORONTE.

D'où vient, Monsieur ?

M. ORONTE.

D'où vient ? Voulez-vous que nous manquions de parole à Monsieur Orgon notre ancien ami ? Avez-vous quelque sujet de vous plaindre de lui ?

Me. ORONTE.

Non.

LISETTE *bas*

Courage ne molissez point.

M. ORONTE.

Pourquoi donc lui faire un pareil affront ? Songés que le Contrat est signé, que tous les préparatifs sont faits, & que nous n'attendons que Damis. La chose n'est-elle pas trop avancée pour s'en dédire ?

Me. ORONTE.

Effectivement je n'avois pas fait toutes ces réflexions.

DE SON MAISTRE.

LISETTE *bas*.

Adieu, la girouette va tourner.

M. ORONTE.

Vous êtes trop raisonnable, Madame, pour vouloir vous opposer à ce mariage.

Me. ORONTE.

Oh je ne m'y oppose pas.

LISETTE.

Mort de ma vie, est-ce-là une femme, elle ne contredit point.

Me. ORONTE.

Vous le voyez, Lisette, j'ai fait ce que j'ai pû pour Valere.

LISETTE.

Oüi, vraiment, voilà un Amant bien protégé.

SCENE VIII.

M. ORONTE, Me. ORONTE, ANGELIQUE, LISETTE, LA BRANCHE.

M. ORONTE.

J'Aperçois le Valet de Damis.

LA BRANCHE.

Très-humble serviteur à Monsieur & à Madame Oronte; serviteur très-humble à Mademoiselle Angélique; bonjour Lisette.

M. ORONTE.

Hé bien, la Branche, quelle nouvelle?

LA BRANCHE.

Monsieur Damis votre gendre & mon Maître vient d'arriver de Chartres. Il marche sur mes pas. J'ai pris les devants pour vous en avertir.

ANGELIQUE *bas*.

O Ciel!

M. ORONTE.

Je l'attendois avec impatience, mais pourquoi n'est-il pas venu tout droit chez moi ? Dans les termes où nous en sommes, doit-il faire ces façons-là ?

LA BRANCHE.

Oh, Monsieur, il sçait trop bien vivre pour en user si familierement avec vous, c'est le garçon de France qui a les meilleures manieres ; quoique je sois son valet, je n'en puis dire que du bien.

Me. ORONTE.

Est-il poli, est-il sage ?

LABRANCHE.

S'il est sage, Madame ? il a été élevé avec la plus brillante jeunesse de Paris, tudieu ! c'est une tête bien sensée.

M. ORONTE.

Et Monsieur Orgon n'est-il pas avec lui ?

LA BRANCHE.

Non, Monsieur, de vives atteintes de goutte l'ont empêché de se mettre en chemin.

CRISPIN RIVAL

M. ORONTE.

Le pauvre bonhomme.

LA BRANCHE.

Cela l'a pris subitement la veille de notre départ. Voici une lettre qu'il vous écrit.

Il donne une lettre à M. Oronte.

M. ORONTE *lit le dessus.*

A Mr. Mr. Craquet, Médecin, dans la ruë du Sépulchre.

LA BRANCHE *reprenant la lettre.*

Ce n'est point cela Monsieur.

M. ORONTE *riant.*

Voilà un Médecin qui loge dans le quartier de ses malades.

LA BRANCHE *tire plusieurs lettres, & en lit les adresses.*

J'ai plusieurs lettres que je me suis chargé de rendre à leurs adresses. Voyons celle-ci.. *Il lit* ... à Monsieur Bredouillet Avocat au Parlement ruë des mauvaises paroles. Ce n'est point encore cela, passons à l'autre ... *il lit* ... à Monsieur Gourmandin, Chanoine de...

oüais, je ne trouverai point celle que je cherche... *il lit* ... à Monsieur Oronte. Ah voici la lettre de Monsieur Orgon... *il la donne*... Il l'a écrite d'une main si tremblante, que vous n'en reconnoîtrez pas l'écriture.

M. ORONTE.

En effet elle n'est pas reconnoissable.

LA BRANCHE.

La goutte est un terrible mal. Le Ciel vous en veuille préserver, aussi-bien que Madame Oronte, Mademoiselle Angélique, Lisette, & toute la compagnie.

M. ORONTE *lit.*

Je me disposois à partir avec Damis; mais la goutte m'en a empêché. Néanmoins comme ma présence n'est point absolument nécessaire à Paris, je n'ai pas voulu que mon indisposition retardât un mariage qui fait ma plus chere envie, & toute la consolation de ma vieillesse. Je vous envoye mon fils, servez-lui de Pere com-

me à votre fille: Je trouverai bon tout ce que vous ferez.

De Chartres,

   Votre affectionné Serviteur
    ORGON.

Que je le plains !.. Mais qui est ce jeune homme qui s'avance ? Ne seroit-ce point Damis ?

LA BRANCHE.

C'est lui-même ; qu'en dites-vous, Madame ? N'a-t-il pas un air qui prévient en sa faveur ?

SCENE IX.

M ORONTE, Me. ORONTE, ANGELIQUE, LISETTE, LA BRANCHE, CRISPIN.

Me. ORONTE.

IL n'est pas mal fait vraiment.

CRISPIN.

La Branche.

LA BRANCHE.

Monsieur.

CRISPIN.

Est-ce là Monsieur Oronte mon illustre beau-pere?

LA BRANCHE.

Oui, vous le voyez en propre original.

M. ORONTE.

Soyez le bien venu, mon gendre, embrassez-moi.

CRISPIN *embrassant M. Oronte.*

Ma joye est extrême de pouvoir vous témoigner l'extrême joye que j'ai de vous embrasser. Voilà sans doute l'aimable enfant qui m'est destinée.

M. ORONTE.

Non, mon gendre, c'est ma femme; voici ma fille Angélique.

CRISPIN.

Malepeste la jolie famille! Je ferois volontiers ma femme de l'une, & ma Maîtresse de l'autre.

Me. ORONTE.

Cela est trop galant. Il paroît avoir de l'esprit.

LISETTE.

Et du goût même.

CRISPIN.

Quel air ! quelle grace ! quelle noble fierté ! ventrebleu, Madame, vous êtes toute adorable, mon pere me le disoit bien, tu verras Madame Oronte, c'est la beauté la plus piquante.

Me. ORONTE.

Fy donc.

CRISPIN.

La plus désag... je voudrois, dit-il, qu'elle fût veuve, je l'aurois bientôt épousée.

M. ORONTE *riant*.

Je lui suis, parbleu, bien obligé.

Me. ORONTE.

Je l'estime infiniment Monsieur votre Pere ; que je suis fâchée qu'il n'ait pû venir avec vous !

CRISPIN.

Qu'il est mortifié de ne pouvoir être de la nôce! Il se promettoit bien de danser la bourée avec Madame Oronte.

LA BRANCHE.

Il vous prie d'achever promptement ce mariage : car il a une furieuse impatience d'avoir sa bru auprès de lui.

M. ORONTE.

Hé, mais toutes les conditions sont arrêtées entre nous, & signées ; il ne reste plus qu'à terminer la chose & compter la dot.

CRISPIN.

Compter la dot. Oui, c'est fort bien dit. La Branche. Permettez que je donne une commission à mon Valet. Va chez le Marquis... *bas*... Va-t-en arrêter des chevaux pour cette nuit, tu m'entends... *haut*... & tu lui diras que je lui baise les mains.

LA BRANCHE *sortant*.

J'y vole,

SCENE X.

M. ORONTE, Me. ORONTE, ANGELIQUE, LISETTE, CRISPIN.

M. Oronte.

Revenons à votre pere, je suis très-affligé de son indisposition, mais satisfaites, je vous prie, ma curiosité. Dites-moi un peu des nouvelles de son procès.

Crispin *d'un air inquiet.*

La Branche.

M. Oronte.

Vous êtes bien ému, qu'avez-vous?

Crispin.

bas. Maugrebleu de la question... *haut...* j'ai oublié de charger la Branche... *bas.* il devoit bien me parler de ce procès-là.

M. Oronte.

Il reviendra. Hé bien ce procès a-t-il enfin été jugé?

Crispin.

CRISPIN.

Oui, Dieu merci, l'affaire en est faite.

M. ORONTE.

Et vous l'avez gagné ?

CRISPIN.

Avec dépens.

M. ORONTE.

J'en suis ravi, je vous assure.

Me. ORONTE.

Le Ciel en soit loué.

CRISPIN.

Mon pere avoit cette affaire à cœur; il auroit donné tout son bien aux Juges plûtôt que d'en avoir le démenti.

M. ORONTE.

Ma foi, cette affaire lui a bien coûté de l'argent, n'est-ce pas ?

CRISPIN.

Je vous en réponds ; mais la Justice est une si belle chose, qu'on ne sçauroit trop l'acheter.

Tome II.

M. ORONTE.

J'en conviens, mais outre cela ce procès lui a bien donné de la peine.

CRISPIN.

Ah! cela n'eſt pas concevable! il avoit affaire au plus grand chicaneur, au moins raiſonnable de tous les hommes.

M. ORONTE.

Qu'appellez-vous de tous les hommes? Il m'a dit que ſa partie étoit une femme.

CRISPIN.

Oüi, ſa partie étoit une femme d'accord, mais cette femme avoit dans ſes interêts un certain vieux Normand qui lui donnoit des conſeils, c'eſt cet homme-là qui a bien fait de la peine à mon pere... Mais changeons de diſcours; laiſſons-là les procès, je ne veux m'occuper que de mon mariage, & que du plaiſir de voir Madame Oronte.

M. ORONTE.

Hé bien, allons mon gendre, entrons, je vais ordonner les aprêts de vos nôces.

CRISPIN *donnant la main à Madame Oronte.*

Madame?

Me. ORONTE.

Vous n'êtes pas à plaindre, ma fille; Damis a du mérite.

SCENE XI.

ANGELIQUE, LISETTE.

ANGELIQUE.

Helas! que vais-je devenir?

LISETTE.

Vous allez devenir femme de Monsieur Damis, cela n'est pas difficile à deviner.

ANGELIQUE.

Ah! Lisette, tu sçais mes sentimens, montre-toi sensible à mes peines.

LISETTE *pleurant.*

La pauvre enfant!

ANGELIQUE.

Auras-tu la dureté de m'abandonner à mon sort?

LISETTE.

Vous me fendez le coeur.

ANGELIQUE.

Lisette, ma chere Lisette!

LISETTE.

Ne m'en dites pas davantage. Je suis si touchée, que je pourrois bien vous donner quelque mauvais conseil, & je vous vois si affligée, que vous ne manqueriez pas de le suivre.

SCENE XII.

ANGELIQUE, VALERE, LISETTE.

VALERE à part.

Crispin m'a dit de ne point paroître ici de quelques jours, qu'il méditoit un stratagême; mais il ne m'a point expliqué ce que c'est. Je ne puis vivre dans cette incertitude.

LISETTE.

Valere vient.

VALERE.

Je ne me trompe point ; c'est elle-même. Belle Angélique, de grace, apprenez-moi vous-même ma destinée ? Quel sera le fruit... Mais quoi ! vous pleurez l'une & l'autre !

LISETTE.

Hé, oui, Monsieur, nous pleurons, nous nous désespérons. Votre rival est arrivé.

VALERE.

Qu'est-ce que j'entends !

LISETTE.

Et dès ce soir, il épousera ma Maîtresse.

VALERE.

Juste Ciel !

LISETTE.

Si du moins après son mariage, elle demeuroit à Paris, passe encore ; vous pourriez quelquefois tous deux pleurer ensemble vos déplaisirs ; mais pour comble de chagrin, il faudra que vous pleuriez séparément.

VALERE.

J'en mourrai ; mais, Lisette, qui est donc cet heureux rival qui m'enléve ce que j'ai de plus cher au monde ?

LISETTE.

On le nomme Damis.

VALERE.

Damis !

LISETTE.

C'est un homme de Chartres.

VALERE.

Je connois tout ce païs-là, & je ne sçache point qu'il y ait un autre Damis que le fils de Monsieur Orgon.

LISETTE.

Justement, c'est le fils de M. Orgon qui est votre rival.

VALERE.

Ah ! si nous n'avons que ce Damis à craindre, nous devons nous rassurer.

ANGELIQUE.

Que dites-vous, Valere ?

VALERE.

Cessons de nous affliger, charmante Angelique. Damis depuis huit jours s'est marié à Chartres.

LISETTE.

Bon!

ANGELIQUE.

Vous vous mocquez, Valere. Damis est ici qui s'apprête à recevoir ma main.

LISETTE.

Il est en ce moment au logis avec M. & Madame Oronte.

VALERE.

Damis est de mes amis, & il n'y a pas huit jours qu'il m'a écrit, j'ai sa lettre chez moi.

ANGELIQUE.

Que vous mande-t-il?

VALERE.

Qu'il s'est marié secretement à Chartres avec une fille de condition.

LISETTE.

Marié secretement! oh oh, approfondissons un peu cette affaire, il me paroît qu'elle en vaut bien la peine. Allez, Monsieur, allez querir cette lettre, & ne perdez point de tems.

VALERE.

Dans un moment je suis de retour.

LISETTE.

Et nous, ne négligeons point cette nouvelle, je suis fort trompée si nous n'en tirons pas quelque avantage. Elle nous servira du moins à faire suspendre pour quelque tems votre mariage. Je vois venir Monsieur Oronte; pendant que je la lui apprendrai, courez en faire part à Madame votre mere.

SCENE XIII.

SCENE XIII.

M. ORONTE, LISETTE.

M. ORONTE.

VAlere vient de vous quitter, Lisette.

LISETTE.

Oui, Monsieur; il vient de nous dire une chose qui vous surprendra sur ma parole.

M. ORONTE.

Hé quoi?

LISETTE.

Par ma foi, Damis est un plaisant homme, de vouloir avoir deux femmes, pendant que tant d'honnêtes gens sont si fâchés d'en avoir une!

M. ORONTE.

Explique-toi, Lisette.

LISETTE.

Damis est marié, il a épousé secretement une fille de Chartres, une fille de qualité.

CRISPIN RIVAL

M. ORONTE.

Bon, cela se peut-il, Lisette?

LISETTE.

Il n'y a rien de plus véritable, Monsieur, Damis l'a mandé lui-même à Valere, qui est son ami.

M. ORONTE.

Tu me contes une fable, te dis-je.

LISETTE.

Non, Monsieur, je vous assûre. Valere est allé querir la lettre, il ne tiendra qu'à vous de la voir.

M. ORONTE.

Encore un coup je ne puis croire ce que tu me dis.

LISETTE.

Hé, Monsieur, pourquoi ne le croirez-vous pas? Les jeunes gens ne sont-ils pas aujourd'hui capables de tout?

M. ORONTE.

Il est vrai qu'ils sont plus corrompus qu'ils ne l'étoient de mon tems.

LISETTE.

Que sçavons-nous si Damis n'est

point un de ces petits scélérats, qui ne se font point un scrupule de la pluralité des dots? Cependant la personne qu'il a épousée étant de condition, ce mariage clandestin aura des suite qui ne seront pas fort agréables pour vous.

M. ORONTE.

Ce que tu dis ne laisse pas de mériter qu'on y fasse quelque attention..

LISETTE.

Comment quelque attention ? Si j'étois à votre place, avant que de livrer ma fille, je voudrois du moins être éclairci de la chose.

M. ORONTE.

Tu as raison, je vois paroître le Valet de Damis, il faut que je le sonde finement. Retire-toi, Lisette, & me laisse avec lui.

LISETTE *en s'en allant*.

Si cette nouvelle pouvoit se confirmer.

SCENE XIV.

M. ORONTE, LA BRANCHE.

M. ORONTE.

Approche, la Branche, viens-çà, je te trouve une phisionomie d'honnête-homme.

LA BRANCHE.

Oh, Monsieur, sans vanité, je suis encore plus honnête homme que ma phisionomie.

M. ORONTE

J'en suis bien aise. Ecoute, ton maître a la mine d'un verd galand.

LA BRANCHE.

Tudieu, c'est un joli homme. Les femmes en sont folles. Il a un certain air libre qui les charme. Monsieur Orgon, en le mariant, assure le repos de trente familles pour le moins.

M. ORONTE.

Cela étant, je ne m'étonne point qu'il ait poussé à bout une fille de qualité.

LA BRANCHE.

Que dites-vous ?

M. ORONTE.

Il faut, mon ami, que tu me confesses la vérité, je sçai tout, je sçai que Damis est marié ; qu'il a épousé une fille de Chartres.

LA BRANCHE.

Ouf !

M. ORONTE.

Tu te troubles, je vois qu'on m'a dit vrai, tu es un fripon.

LA BRANCHE.

Moi, Monsieur ?

M. ORONTE.

Oüi, toi, pendart, je suis instruit de votre dessein, & je prétends te faire punir comme complice d'un projet si criminel.

LA BRANCHE.

Quel projet, Monsieur ! Que je meure si je comprens.....

M. ORONTE.

Tu feins d'ignorer ce que je veux dire, traître ; mais si tu ne me fais tout-à-l'heure un aveu sincere de toutes choses, je vais te mettre entre les mains de la Justice.

LA BRANCHE.

Faites tout ce qu'il vous plaira, Monsieur, je n'ai rien à vous avouer. J'ai beau donner la torture à mon esprit, je ne devine point le sujet de plaintes que vous pouvez avoir contre moi.

M. ORONTE.

Tu ne veux donc pas parler. Holà quelqu'un, qu'on me fasse venir un Commissaire.

LA BRANCHE.

Attendez, Monsieur, point de bruit. Tout innocent que je suis, vous le prenez sur un ton qui ne laisse pas d'embarrasser mon innocence. Allons, éclaircissons-nous tous deux de sang froid, ça, qui vous a dit que mon maître étoit marié ?

M. ORONTE.

Qui ? il l'a mandé lui-même à un de ses amis, à Valere.

####### LA BRANCHE.

A Valere, dites-vous ?

####### M. ORONTE.

A Valere, oui ! Que répondras-tu à cela ?

####### LA BRANCHE *riant.*

Rien, parbleu, le trait est excellent ! ah ah, Monsieur Valere, vous ne vous y prenez pas mal, ma foi ?

####### M. ORONTE.

Comment, qu'est-ce que cela signifie ?

####### LA BRANCHE *riant.*

On nous l'avoit bien dit, qu'il nous regaleroit tôt ou tard d'un plat de sa façon. Il n'y a pas manqué, comme vous voyez.

####### M. ORONTE.

Je ne vois point cela.

####### LA BRANCHE.

Vous l'allez voir, vous l'allez voir. Premierement ce Valere aime Mademoiselle votre fille, je vous en avertis.

####### M. ORONTE.

Je le sçai bien.

LA BRANCHE.

Lisette est dans ses intérêts. Elle entre dans toutes les mesures qu'il prend, pour faire réussir sa recherche. Je vais parier que c'est elle qui vous aura débité ce mensonge-là.

M. ORONTE.

Il est vrai.

LA BRANCHE.

Dans l'embarras où l'arrivée de mon maître les a jettés tous deux, qu'ont-ils fait ? ils ont fait courir le bruit que Damis étoit marié. Valere même montre une lettre supposée qu'il dit avoir reçue de mon maître, & tout cela, vous m'entendez bien, pour suspendre le mariage d'Angelique.

M. ORONTE *bas*.

Ce qu'il dit est assez vraisemblable.

LA BRANCHE.

Et pendant que vous approfondirez ce faux bruit, Lisette gagnera l'esprit de sa maîtresse, & lui fera faire quelque mauvais pas, après quoi vous ne pourrez plus la refuser à Valere.

M. ORONTE.

Hon hon, ce raisonnement est assez raisonnable.

LA BRANCHE.

Mais ma foi, les trompeurs seront trompés. Monsieur Oronte est homme d'esprit, homme de tête, ce n'est point à lui qu'il faut se jouer.

M. ORONTE.

Non, parbleu.

LA BRANCHE.

Vous sçavez toutes les rubriques du monde, toutes les ruses qu'un amant met en usage pour supplanter son rival.

M. ORONTE.

Je t'en répons. Je vois bien que ton maître n'est point marié. Admirez un peu la fourberie de Valere ; il assure qu'il est intime ami de Damis, & je vais parier qu'ils ne se connoissent seulement pas.

LA BRANCHE.

Sans doute. Malepeste, Monsieur, que vous êtes pénétrant ! comment, rien ne vous échappe.

M. ORONTE.

Je ne me trompe gueres dans mes conjectures. J'apperçois ton maître, je veux rire avec lui de son prétendu mariage, ah ah ah ah.

LA BRANCHE.

Hé hé hé hé hé hé hé.

SCENE XV.

M. ORONTE, LA BRANCHE, CRISPIN.

M. ORONTE *riant*.

Vous ne sçavez pas, mon gendre, ce que l'on dit de vous ? que cela est plaisant ! On m'est venu donner avis, (mais avis comme d'une chose assurée) que vous étiez marié ? Vous avez, dit-on, épousé secretement une fille de Chartres. Ah ah ah ah, est-ce que vous ne trouvez pas cela plaisant ?

LA BRANCHE *riant, & faisant des signes à Crispin*.

Hé hé hé hé, il n'y a rien de si plaisant.

DE SON MAISTRE.

CRISPIN.

Ho ho ho ho, cela est tout-à-fait plaisant.

M. ORONTE.

Un autre, j'en suis sûr, seroit assez sot pour donner là-dedans ; mais moi, serviteur.

LA BRANCHE.

Oh diable, Monsieur Oronte est un des plus gros génies !

CRISPIN.

Je voudrois sçavoir qui peut être l'auteur d'un bruit si ridicule.

LA BRANCHE.

Monsieur dit que c'est un gentilhomme appellé Valere.

CRISPIN *faisant l'étonné.*

Valere ! Qui est cet homme-là ?

LA BRANCHE.

A Monsieur Oronte. Vous voyez bien, Monsieur, qu'il ne le connoît pas..... *à Crispin*... Hé là, c'est ce jeune homme que tu sçais... que vous sçavez, dis-je..... qui est votre rival, à ce qu'on nous a dit.

CRISPIN.

Ah, oui oui, je m'en souviens; à telles enseignes qu'on nous a dit qu'il a peu de bien, & qu'il doit beaucoup; mais qu'il couche en joue la fille de Monsieur Oronte, & que ses créanciers font des vœux très-ardens pour la prospérité de ce mariage.

M. ORONTE.

Ils n'ont qu'à s'y attendre, vraiment, ils n'ont qu'à s'y attendre.

LA BRANCHE.

Il n'est pas sot ce Valere, il n'est parbleu pas sot.

M. ORONTE.

Je ne suis pas bête non plus, je ne suis palsembleu pas bête, & pour le lui faire voir, je vais de ce pas chez mon Notaire; ou plûtôt Damis, j'ai une proposition à vous faire. Je suis convenu, je l'avoue, avec Monsieur Orgon de vous donner vingt mille écus en argent comptant; mais voulez-vous prendre pour cette somme ma maison du Fauxbourg Saint Germain, elle m'a couté plus de quatre-vingt mille francs à bâtir.

CRISPIN.

Je suis homme à tout prendre; mais entre nous, j'aimerois mieux de l'argent comptant.

LA BRANCHE.

L'argent, comme vous sçavez, est plus portatif.

M. ORONTE.

Assurément.

CRISPIN.

Oui, cela se met mieux dans une valise. C'est qu'il se vend une terre auprès de Chartres, je voudrois bien l'acheter.

LA BRANCHE.

Ah Monsieur, la belle acquisition! si vous aviez vû cette terre-là, vous en seriez charmé.

CRISPIN.

Je l'aurai pour vingt-cinq mille écus, & je suis assuré qu'elle en vaut bien soixante mille.

LA BRANCHE.

Du moins, Monsieur, du moins. Comment sans parler du reste, il y a deux étangs où l'on pêche chaque année pour deux mille francs de goujon.

M. ORONTE.

Il ne faut pas laisser échapper une si belle occasion. Ecoutez, j'ai chez mon Notaire cinquante mille écus que je réservois pour acheter le Château d'un certain Financier qui va bientôt disparoître, je veux vous en donner la moitié.

CRISPIN *embrassant Monsieur Oronte*.

Ah quelle bonté, Monsieur Oronte ! Je n'en perdrai jamais la mémoire ; une éternelle reconnoissance...... mon cœur.... enfin j'en suis tout pénétré.

LA BRANCHE.

Monsieur Oronte est le Phœnix des beaux-peres.

M. ORONTE.

Je vais vous querir cet argent ; mais je rentre auparavant pour donner cet avis à ma femme.

CRISPIN.

Les créanciers de Valere vont se pendre.

M. ORONTE.

Qu'ils se pendent ! Je veux que dans une heure vous épousiez ma fille.

CRISPIN.

Ah ah ah, que cela sera plaisant !

LA BRANCHE.

Oui oui, c'est cela qui sera tout à-fait drôle.

SCENE XVI.

CRISPIN, LABRANCHE.

CRISPIN.

IL faut que mon maître ait eu un éclaircissement avec Angelique ; & qu'il connoisse Damis.

LA BRANCHE.

Ils se connoissent si bien, qu'ils s'écrivent comme tu vois; mais graces à mes soins, Monsieur Oronte est prévenu contre Valere, & j'espere que nous aurons la dot en croupe, avant qu'il soit désabusé.

CRISPIN.

O Ciel !

LA BRANCHE.

Qu'as-tu, Crispin ?

CRISPIN.

Mon maître vient ici.

LA BRANCHE.

Le fâcheux contre-tems !

SCENE XVII.

VALERE, CRISPIN, LA BRANCHE.

VALERE.

JE puis avec cette lettre entrer chez Monsieur Oronte ; mais je vois un jeune homme, seroit-ce Damis ? Abordons-le ; il faut que je m'éclaircisse… Juste ciel ! c'est Crispin !

CRISPIN.

C'est moi-même. Que diable venez-vous faire ici ? Ne vous ai-je pas défendu d'approcher de la maison de Monsieur Oronte ? Vous allez détruire

tout

tout ce que mon industrie a fait pour vous.

VALERE.

Il n'est pas nécessaire d'employer aucun stratagême pour moi, mon cher Crispin.

CRISPIN.

Pourquoi ?

VALERE.

Je sçai le nom de mon rival, il s'appelle Damis ; je n'ai rien à craindre, il est marié.

CRISPIN.

Damis marié ; tenez, Monsieur, voilà son valet que j'ai mis dans vos intérêts. Il va vous dire de ses nouvelles.

VALERE.

Seroit-il possible que Damis ne m'eût pas mandé une chose véritable ? à quel propos m'avoir écrit dans ces termes....

Il lit la lettre de Damis.

De Chartres.

Vous sçaurez, cher ami, que je me suis marié en cette Ville ces jours passés. J'ai épousé secretement une fille de condition.

J'irai bientôt à Paris, où je prétends vous faire de vive voix tout le détail de ce mariage.

DAMIS.

LA BRANCHE.

Ah, Monsieur, je suis au fait. Dans le tems que mon maître vous a écrit cette lettre, il avoit effectivement ébauché un mariage ; mais Monsieur Orgon, au lieu d'approuver l'ébauche, a donné une grosse somme au pere de la fille, & a par ce moyen assoupi la chose.

VALERE.

Damis n'est donc point marié.

LA BRANCHE.

Bon.

CRISPIN.

Eh non !

VALERE.

Ah mes enfans j'implore votre secours. Quelle entreprise as-tu formée, Crispin ? Tu n'as pas voulu tantôt m'en instruire. Ne me laisse pas plus long-tems dans l'incertitude. Pourquoi ce déguisement ? Que prétends-tu faire en ma faveur ?

CRISPIN.

Votre rival n'est point encore à Paris. Il n'y sera que dans deux jours. Je veux avant ce tems-là dégouter Monsieur & Madame Oronte de son alliance.

VALERE.

De quelle maniere ?

CRISPIN.

En passant pour Damis. J'ai déja fait beaucoup d'extravagances, je tiens des discours insensés, je fais des actions ridicules qui révoltent à tout moment contre moi le pere & la mere d'Angelique. Vous connoissez le caractere de Madame Oronte, elle aime les louanges ; je lui dis des duretés qu'un Petit-Maître n'oseroit dire à une femme de Robe.

VALERE.

Hé bien ?

CRISPIN.

Hé bien ? je ferai & dirai tant de sottises, qu'avant la fin du jour je prétends qu'ils me chassent, & qu'ils prennent la résolution de vous donner Angelique.

VALERE.

Et Lisette entre-t elle dans ce stratagême ?

CRISPIN.

Oui, Monsieur, elle agit de concert avec nous.

VALERE.

Ah ! Crispin, que ne te dois-je pas ?

CRISPIN.

Demandez pour plaisir à ce garçon-là si je joue bien mon rôle.

LA BRANCHE.

Ah Monsieur, que vous avez là un domestique adroit ! C'est le plus grand fourbe de Paris, il m'arrache cet éloge. Je ne le seconde pas mal à la vérité : & si notre entreprise réussit, vous ne m'aurez pas moins d'obligation qu'à lui.

VALERE.

Vous pouvez tous deux compter sur ma reconnoissance ; je vous promets.

CRISPIN.

Eh, Monsieur, laissez là les promesses, songez que si l'on vous voyoit avec nous, tout seroit perdu. Retirez-

DE SON MAISTRE.

vous, & ne paroissez point ici d'aujourd'hui.

VALERE.

Je me retire donc. Adieu, mes amis ; je me repose sur vos soins.

LA BRANCHE.

Ayez l'esprit tranquille, Monsieur ; éloignez-vous vîte, abandonnez-nous votre fortune.

VALERE.

Souvenez-vous que mon sort...

CRISPIN.

Que de discours !

VALERE.

Dépend de vous.

CRISPIN *le repoussant*.

Allez-vous-en, vous dis-je.

SCENE XVIII.

CRISPIN, LA BRANCHE.

LA BRANCHE.

ENfin il est parti.

CRISPIN.

Je respire.

LA BRANCHE.

Nous avons eu une alarme aussi chaude ! Je mourois de peur que Monsieur Oronte ne nous surprît avec ton maître.

CRISPIN.

C'est ce que je craignois aussi ; mais comme nous n'avions que cela à craindre, nous sommes assurés du succès de notre projet. Nous pouvons à présent choisir la route que nous avons à prendre. As-tu arrêté des chevaux pour cette nuit ?

LA BRANCHE *regardant de loin.*

Oui.

CRISPIN.

Bon. Je suis d'avis que nous prenions le chemin de Flandres.

LA BRANCHE *regardant toujours*.

Le chemin de Flandres ; oui, c'eſt fort bien raiſonné. J'opine auſſi pour le chemin de Flandres.

CRISPIN.

Que regardes-tu donc avec tant d'attention ?

LA BRANCHE.

Je regarde..... oui..... non..... ventrebleu, ſeroit-ce lui ?

CRISPIN.

Qui lui ?

LA BRANCHE.

Hélas, voilà toute ſa figure !

CRISPIN.

La figure de qui ?

LA BRANCHE.

Criſpin, mon pauvre Criſpin, c'eſt Monſieur Orgon.

CRISPIN.

Le pere de Damis ?

CRISPIN RIVAL

LA BRANCHE.

Lui-même.

CRISPIN.

Le maudit vieillard !

LA BRANCHE.

Je crois que tous les diables sont déchaînés contre la dot.

CRISPIN.

Il vient ici, il va entrer chez Monsieur Oronte, & tout va se découvrir.

LA BRANCHE.

C'est ce qu'il faut empêcher, s'il est possible. Va m'attendre à l'auberge ; ce que je crains le plus , c'est que Monsieur Oronte ne sorte pendant que je lui parlerai.

SCENE XIX.

M. ORGON, LA BRANCHE.

M. ORGON à part.

JE ne sçai quel accueil je vais recevoir de Monsieur & de Madame Oronte.

LA BRANCHE.

LA BRANCHE.

bas. Vous n'êtes pas encore chez eux...... *haut*...... Serviteur à Monsieur Orgon.

M. ORGON.

Ah, je ne te voyois pas la Branche!

LA BRANCHE.

Comment, Monsieur, c'est donc ainsi que vous surprenez les gens. Qui vous croyoit à Paris?

M. ORGON.

Je suis parti de Chartres peu de tems après toi, parce que j'ai fait réflexion qu'il valoit mieux que je parlasse moi-même à Monsieur Oronte, & qu'il n'étoit pas honnête de retirer ma parole par le ministere d'un valet.

LA BRANCHE.

Vous êtes délicat sur les bienséances à ce que je vois. Si bien donc que vous allez trouver Monsieur & Madame Oronte?

M. ORGON.

C'est mon dessein.

Tome II. P

LA BRANCHE.

Rendez graces au Ciel de me rencontrer ici à propos pour vous en empêcher.

M. ORGON.

Comment ? les as-tu déja vûs toi, Labranche ?

LA BRANCHE.

Hé oui, morbleu, je les ai vûs, je fors de chez eux. Madame Oronte est dans une colere horrible contre vous.

M. ORGON.

Contre moi !

LA BRANCHE.

Contre vous. Hé quoi, a-t-elle dit, Monsieur Orgon nous manque de parole, qui l'auroit crû ? Ma fille désormais ne doit plus espérer d'établissement.

M. ORGON.

Quel tort cela peut-il faire à sa fille ?

LA BRANCHE.

C'est ce que je lui ai répondu. Mais

comment voulez-vous qu'une femme en colere entende raison ? c'est tout ce qu'elle peut faire de sens froid. Elle a fait là-dessus des raisonnemens bourgeois. On ne croira point dans le monde, a-t-elle dit, que Damis ait été obligé d'épouser une fille de Chartres ; on dira plûtôt que Monsieur Orgon a aprofondi nos biens, & que ne les ayant pas trouvés solides, il a retiré sa parole.

M. ORGON.

Fy donc, peut-elle s'imaginer qu'on dira cela ?

LA BRANCHE.

Vous ne sçauriez croire jusqu'à quel point la fureur s'est emparée de ses sens. Elle a les yeux dans la tête ; elle ne connoît personne ; elle m'a pris à la gorge, & j'ai eu toutes les peines du monde à me tirer de ses griffes.

M. ORGON.

Et Monsieur Oronte ?

LA BRANCHE.

Oh, pour Monsieur Oronte, je l'ai trouvé plus modéré, lui, il m'a seulement donné deux soufflets.

M. ORGON,

Tu m'étonnes la Branche, peuvent-ils être capables d'un pareil emportement ? Et doivent-ils trouver mauvais que j'aye consenti au mariage de mon fils ? Ne leur en as-tu pas expliqué toutes les circonstances ?

LA BRANCHE.

Pardonnez-moi, je leur ai dit que Monsieur votre fils ayant commencé par où l'on finit d'ordinaire, la famille de votre bru se preparoit à vous faire un procès que vous avez sagement prévenu en unissant les parties.

M. ORGON.

Ils ne se sont pas rendus à cette raison ?

LA BRANCHE.

Bon rendus ! Ils sont bien en état de se rendre. Si vous m'en croyez, Monsieur, vous retournerez à Chartres tout-à-l'heure.

M. ORGON *veut entrer chez M. Oronte.*

Non, la Branche, je veux les voir, & leur représenter si bien les choses, que . . . . .

LA BRANCHE *le retenant.*

Vous n'entrerez pas, Monsieur, je vous assure, je ne souffrirai point que vous alliez vous faire dévisager. Si vous leur voulez parler absolument, laissez passer leurs premiers transports.

M. ORGON.

Cela est de bon sens.

LA BRANCHE.

Remettez votre visite à demain. Ils seront plus disposés à vous recevoir.

M. ORGON.

Tu as raison ; ils seront dans une situation moins violente. Allons, je veux suivre ton conseil.

LA BRANCHE.

Cependant, Monsieur, vous ferez ce qu'il vous plaira, vous êtes le maître.

M. ORGON.

Non, non, viens la Branche, je les verrai demain.

SCENE XX.

LA BRANCHE seul.

JE marche sur vos pas, ou plûtôt je vais trouver Crispin. Nous voilà pour le coup au-dessus de toutes les difficultés. Il ne me reste plus qu'un petit scrupule au sujet de la dot. Il me fâche de la partager avec un associé ; car enfin, Angelique ne pouvant être à mon Maître, il me semble que la dot m'appartient de droit toute entiere. Comment tromperai-je Crispin ? Il faut que je lui conseille de passer la nuit avec Angelique. Ce sera sa femme une fois. Il l'aime, & il est homme à suivre ce conseil. Pendant qu'il s'amusera à la bagatelle, je déménagerai avec le solide. Mais, non. Rejettons cette pensée. Ne nous brouillons point avec un homme qui en sçait aussi long que moi. Il pourroit bien quelque jour avoir sa revanche. D'ailleurs, ce seroit aller contre nos loix. Nous autres gens d'intrigue, nous nous gardons les uns aux autres une fidélité plus exacte que les honnêtes gens. Voici Monsieur

Oronte qui sort de chez lui pour aller chez son Notaire; quel bonheur d'avoir éloigné d'ici Monsieur Orgon!

SCENE XXI.

M. ORONTE, LISETTE.

LISETTE.

JE vous le dis encore, Monsieur; Valere est honnête homme, & vous devez approfondir.....

M. ORONTE.

Tout n'est que trop approfondi, Lisette; Je sçai que vous êtes dans les intérêts de Valere; & je suis fâché que vous n'ayez pas inventé ensemble un meilleur expédient pour m'obliger à différer le mariage de Damis.

LISETTE.

Quoi Monsieur, vous vous imaginez.....

M. ORONTE.

Non, Lisette, je ne m'imagine rien. Je suis facile à tromper. Moi! Je suis le plus pauvre génie du monde. Allez,

Lisette, dites à Valere qu'il ne sera jamais mon gendre. C'est de quoi il peut assurer Messieurs ses créanciers.

SCENE XXII.

LISETTE *seule*.

OUais, que signifie tout ceci ? il y a quelque chose là-dedans qui passe ma pénétration.

SCENE XXIII.

VALERE, LISETTE.

VALERE *à part*.

QUoique m'ait dit, Crispin, je ne puis attendre tranquillement le succès de son artifice. Après tout, je ne sçai pourquoi il m'a recommandé avec tant de soin de ne point paroître ici ; car enfin au lieu de détruire son stratagême, je pourrois l'appuyer.

LISETTE.

Ah Monsieur !

VALERE.

Hé bien Lisette ?

LISETTE.

Vous avez tardé bien longtems, où est la lettre de Damis ?

VALERE.

La voici, mais elle nous sera inutile. Dis-moi, plûtôt, Lisette, comment va le stratagême.

LISETTE.

Quel stratagême ?

VALERE.

Celui que Crispin a imaginé pour mon amour.

LISETTE.

Crispin, qu'est-ce que c'est que ce Crispin ?

VALERE.

Hé parbleu, c'est mon valet !

LISETTE.

Je ne le connois pas.

VALERE.

C'est pousser trop loin la dissimulation, Lisette, Crispin m'a dit que vous étiez tous deux d'intelligence.

LISETTE.

Je ne sçai ce que vous voulez dire, Monsieur.

VALERE.

Ah c'en est trop ; je perds patience, je suis au désespoir.

SCENE XXIV.

Mᶜ ORONTE, ANGELIQUE, VALERE, LISETTE.

Mᶜ ORONTE.

JE suis bien aise de vous trouver, Valere, pour vous faire des reproches. Un galant homme doit-il supposer des lettres ?

VALERE.

Supposer moi, Madame ! Qui peut m'avoir rendu un si mauvais office auprès de vous ?

LISETTE.

Hé Madame, Monsieur Valere n'a rien supposé, il y a de la manigance dans cette affaire... mais voici Mr. Oronte qui revient ; Monſieur Orgon eſt avec lui. Nous allons tout découvrir.

SCENE XXV.

M. ORONTE, M. ORGON, VALERE, Me. ORONTE, ANGELIQUE, LISETTE.

M. ORONTE.

IL y a de la friponnerie là-dedans, Monſieur Orgon.

M. ORGON.

C'eſt ce qu'il faut éclaircir, Monſieur Oronte,

M. ORONTE.

Madame, je viens de rencontrer Monſieur Orgon en allant chez mon Notaire ; il vient, dit-il, à Paris pour retirer ſa parole, Damis eſt effectivement marié.

M. ORGON.

Il est vrai, Madame, & quand vous sçaurez toutes les circonstances de ce mariage, vous excuserez...

M. ORONTE.

Monsieur Orgon n'a pû se dispenser d'y consentir; mais ce que je ne comprends pas, c'est qu'il assure que son fils est actuellement à Chartres.

M. ORGON.

Sans doute.

Me. ORONTE.

Cependant il y a ici un jeune homme qui se dit votre fils.

M. ORGON.

C'est un imposteur.

M. ORONTE.

Et la Branche ce même Valet qui étoit ici avec vous il y a quinze jours, l'appelle son Maître.

M. ORGON,

La Branche, dites-vous? Ah le pendart! Je ne m'étonne plus s'il m'a tout à l'heure empêché d'entrer chez vous. Il m'a dit que vous étiez tous deux dans une colere épouvantable contre moi, & que vous l'aviez maltraité lui,

Me. ORONTE,

Le menteur !

LISETTE bas.

Je vois l'encloueure, ou peu s'en faut.

VALERE bas,

Mon traître se seroit-il joué de moi ?

M. ORONTE,

Nous allons approfondir cela, car les voici tous deux.

SCENE XXVI.

M. ORONTE, Me. ORONTE,
M. ORGON, VALERE,
ANGELIQUE, LISETTE,
CRISPIN, LA BRANCHE.

CRISPIN.

HE bien, Monsieur Oronte, tout est-il prêt ? Notre mariage… ouf ! qu'est-ce que je vois ?

LA BRANCHE.

Ahi, nous sommes découverts, sauvons-nous.

Ils veulent se retirer, mais Valere court à eux, & les arrête.

VALERE.

Oh vous ne nous échaperez pas, Messieurs les marauds, & vous serez traités comme vous le méritez.

Valere met la main sur l'épaule de Crispin. M. Oronte & M. Orgon se saisissent de la Branche.

M. ORONTE.

Ah ah, nous vous tenons, fourbes,

M. ORGON *à la Branche.*

Dis-nous méchant ? Qui est cet autre fripon que tu fais passer pour Damis ?

VALERE.

C'est mon Valet.

Me. ORONTE.

Un Valet, juste Ciel, un Valet.

VALERE.

Un perfide qui me fait accroire qu'il est dans mes intérêts, pendant qu'il employe pour me tromper le plus noir de tous les artifices.

CRISPIN.

Doucement, Monsieur, doucement ne jugeons point sur les apparences.

M. ORGON *à la Branche.*

Et toi, coquin, voilà donc comme tu fais les commissions que je te donne.

CRISPIN RIVAL

LA BRANCHE.

Allons, Monsieur, allons bride en main, s'il vous plaît, ne condamnons point les gens sans les entendre.

M. ORGON.

Quoi ! tu voudrois soutenir que tu n'es pas un maître fripon.

LA BRANCHE *d'un ton pleureur*.

Je suis un fripon, fort bien. Voyez les douceurs qu'on s'attire en servant avec affection.

VALERE *à Crispin*.

Tu ne demeureras pas d'accord non plus toi, que tu es un fourbe, un scélérat ?

CRISPIN *d'un ton emporté*.

Scélérat, fourbe, que diable, Monsieur, vous me prodiguez des épithétes qui ne me conviennent point du tout.

VALERE.

Nous aurons encore tort de soupçonner votre fidélité, traîtres !

M. ORONTE.

Que direz-vous pour vous justifier, misérables ?

LA BRANCHE.

LA BRANCHE.

Tenez, voilà Crispin, qui va vous tirer d'erreur.

CRISPIN.

La Branche vous expliquera la chose en deux mots.

LA BRANCHE.

Parle, Crispin, fais-leur voir notre innocence.

CRISPIN.

Parle toi-même, la Branche, tu les auras bien-tôt désabusés.

LA BRANCHE.

Non non, tu débrouilleras mieux le fait.

CRISPIN.

Hé bien, Messieurs, je vais vous dire la chose tout naturellement. J'ai pris le nom de Damis, pour dégoûter par mon air ridicule Monsieur & Madame Oronte de l'alliance de Monsieur Orgon, & les mettre par là dans une disposition favorable pour mon Maître; mais au lieu de les rebuter par mes manieres impertinentes, j'ai eu le malheur de leur plaire, ce n'est pas ma faute une fois.

M. ORONTE.

Cependant si on t'avoit laissé faire, tu aurois poussé la feinte jusqu'à épouser ma fille.

CRISPIN.

Non, Monsieur, demandez à la Branche, nous venions ici vous découvrir tout.

VALERE.

Vous ne sçauriez donner à votre perfidie des couleurs qui puissent nous éblouir; puisque Damis est marié, il étoit inutile que Crispin fit le personnage qu'il a fait.

CRISPIN.

Hé bien, Messieurs, puisque vous ne voulez pas nous absoudre comme innocens, faites-nous donc grace comme à des coupables. Nous implorons votre bonté.

Il se met à genoux devant M. Oronte.

LA BRANCHE *se mettant aussi à genoux.*

Oüi, nous avons recours à votre clémence.

CRISPIN.

Franchement la dot nous a tentés. Nous sommes accoûtumés à faire des fourberies, pardonnez-nous celle-ci à cause de l'habitude.

M. ORONTE.

Non, non, votre audace ne demeurera point impunie.

LA BRANCHE.

Eh, Monsieur, laissez-vous toucher, nous vous en conjurons par les beaux yeux de Madame Oronte.

CRISPIN.

Par la tendresse que vous devez avoir pour une femme si charmante.

Me. ORONTE.

Ces pauvres garçons me font pitié, je demande grace pour eux.

LISETTE *bas.*

Les habiles fripons que voilà!

M. ORGON.

Vous êtes bienheureux, pendarts, que Madame Oronte intercede pour vous.

M. ORONTE.

J'avois grande envie de vous faire punir, mais puisque ma femme le veut, oublions le passé ; aussi-bien je donne aujourd'hui ma fille à Valere, il ne faut songer qu'à se réjouir... *aux Valets* ...on vous pardonne donc ; & même si vous voulez me promettre que vous vous corrigerez, je serai encore assez bon pour me charger de votre fortune.

CRISPIN *se relevant.*

Oh, Monsieur, nous vous le promettons.

LA BRANCHE *se relevant.*

Oüi, Monsieur, nous sommes si mortifiés de n'avoir pas réussi dans notre entreprise, que nous renonçons à toutes les fourberies.

M. ORONTE.

Vous avez de l'esprit, mais il en faut faire un meilleur usage, & pour vous rendre honnêtes gens, je veux vous mettre tous deux dans les affaires. J'obtiendrai pour toi la Branche une bonne commission.

LA BRANCHE.

Je vous réponds, Monsieur, de ma bonne volonté.

M. ORONTE.

Et pour le Valet de mon gendre, je lui ferai épouser la fillole d'un sous-fermier de mes amis.

CRISPIN.

Je tâcherai, Monsieur, de mériter par ma complaisance toutes les bontés du parrain.

M. ORONTE.

Ne demeurons pas ici plus long-tems. Entrons, j'espere que Monsieur Orgon voudra bien honorer de sa présence les nôces de ma fille.

190 CRISPIN RIVAL
M. ORGON.
J'y veux danser avec Madame Oronte.

Monsieur Orgon donne la main à Madame Oronte, & Valere à Angélique.

FIN.

TURCARET,

COMEDIE.

En cinq Actes.

ACTEURS.

LA BARONE, jeune veuve, Coquette.

M. TURCARET, Traitant, Amoureux de la Barone.

LE CHEVALIER, } Petits-Maîtres.
LE MARQUIS,

Me. TURCARET, femme de Monsieur Turcaret.

Me JACOB, Revendeuse à la Toilette, & sœur de Monsieur Turcaret.

MARINE, } Suivantes de la Barone.
LISETTE,

FRONTIN, Valet du Chevalier.

FLAMAND, Valet de Monsieur Turcaret.

M. RAFLE, Usurier.

M. FURET, Fourbe.

JASMIN, petit laquais de la Barone.

La Scene est à Paris chez la Barone.

TURCARET,
COMEDIE.

ACTE PREMIER.

SCENE PREMIERE.
LA BARONE, MARINE

MARINE.

Ncore hier deux cens pistoles.

LA BARONE.

Cesse de me reprocher...

MARINE.

Non, Madame, je ne puis me taire, votre conduite est insuportable.

LA BARONE.

Marine...

Tome II.   R

MARINE.
Vous mettez ma patience à bout.

LA BARONE.
Hé comment veux-tu donc que je fasse ? suis-je femme à thésauriser ?

MARINE.
Ce seroit trop exiger de vous ; & cependant je vous vois dans la nécessité de le faire.

LA BARONE.
Pourquoi ?

MARINE.
Vous êtes veuve d'un Colonel étranger, qui a été tué en Flandres l'année passée. Vous aviez déja mangé le petit douaire qu'il vous avoit laissé en partant, & il ne vous restoit plus que vos meubles, que vous auriez été obligée de vendre, si la fortune propice ne vous eût fait faire la précieuse conquête de Monsieur Turcaret le Traitant. Cela n'est-il pas vrai, Madame ?

LA BARONE.
Je ne dis pas le contraire.

MARINE.
Or ce Monsieur Turcaret, qui n'est

COMEDIE. 195

pas un homme fort aimable, & qu'auſſi vous n'aimez gueres, quoique vous ayez deſſein de l'épouſer, comme il vous l'a promis ; Monſieur Turcaret, dis-je, ne ſe preſſe pas de vous tenir parole, & vous attendez patiemment qu'il accompliſſe ſa promeſſe, parce qu'il vous fait tous les jours quelque préſent conſidérable ; je n'ai rien à dire à cela. Mais ce que je ne puis ſouffrir, c'eſt que vous ſoyez coëffée d'un petit Chevalier joueur, qui va mettre à la réjouiſſance les dépouilles du Traitant. Hé que prétendez-vous faire de ce Chevalier?

LA BARONE.

Le conſerver pour ami. N'eſt-il pas permis d'avoir des amis ?

MARINE.

Sans doute, & de certains amis encore dont on peut faire ſon pis aller. Celui-ci, par exemple, vous pourriez fort bien l'épouſer, en cas que Monſieur Turcaret vînt à vous manquer. Car il n'eſt pas de ces Chevaliers qui ſont conſacrés au Célibat, & obligés de courir au ſecours de Malthe. C'eſt

R ij

un Chevalier de Paris, il fait ses caravanes dans les Lansquenets.

LA BARONE.

Oh ! Je le crois un fort honnête homme.

MARINE.

J'en juge tout autrement. Avec ses airs passionnés, son ton radouci, sa face minaudiere, je le crois un grand Comédien ; & ce qui me confirme dans mon opinion, c'est que Frontin son bon valet Frontin ne m'en a pas dit le moindre mal.

LA BARONE.

Le préjugé est admirable ! Et tu conclus de là...

MARINE.

Que le Maître & le Valet sont deux fourbes qui s'entendent pour vous duper ; & vous vous laissez surprendre à leurs artifices, quoiqu'il y ait déja du tems que vous les connoissez. Il est vrai que depuis votre veuvage il a été le premier à vous offrir brusquement sa foi, & cette façon de sincérité l'a tellement établi chez vous, qu'il dispose de votre bourse comme de la sienne.

COMEDIE.

LA BARONE.

Il est vrai que j'ai été sensible aux premiers soins du Chevalier. J'aurois dû, je l'avoue, l'éprouver avant que de lui découvrir mes sentimens, & je conviendrai de bonne foi que tu as peut-être raison de me reprocher tout ce que je fais pour lui.

MARINE.

Assurément, & je ne cesserai point de vous tourmenter que vous ne l'ayez chassé de chez vous ; car enfin, si cela continue, sçavez-vous ce qui en arrivera.

LA BARONE.

Hé quoi ?

MARINE.

Monsieur Turcaret sçaura que vous voulez conserver le Chevalier pour ami, & il ne croit pas lui qu'il soit permis d'avoir des amis ; il cessera de vous faire des présens, il ne vous épousera point, & si vous êtes réduite à épouser le Chevalier, ce sera un fort mauvais mariage pour l'un & pour l'autre.

LA BARONE.

Tes réflexions sont judicieuses, Marine, je veux songer à en profiter.

MARINE.

Vous ferez bien, il faut prévoir l'avenir. Envisagez dès-à-présent un établissement solide, profitez des prodigalités de Monsieur Turcaret, en attendant qu'il vous épouse. S'il y manque, à la verité, on en parlera un peu dans le monde : mais vous aurez pour vous en dédommager de bons effets, de l'argent comptant, des bijoux, de bons billets au porteur, des contrats de rente ; & vous trouverez alors quelque Gentilhomme capricieux ou mal aisé, qui réhabilitera votre réputation par un bon mariage.

LA BARONE.

Je cede à tes raisons, Marine, je veux me détacher du Chevalier avec qui je sens bien que je me ruinerois à la fin.

MARINE.

Vous commencez à entendre raison. C'est là le bon parti. Il faut s'attacher à Monsieur Turcaret pour l'épouser ou pour le ruiner. Vous tirerez du moins des débris de sa fortune de quoi vous mettre en équipage, de quoi soutenir dans le monde une figure brillante ; & quoique l'on puisse dire vous lasserez les caquets, vous fatiguerez la médisance, & l'on s'accoutumera insensiblement à vous confondre avec les femmes de qualité.

LA BARONE

Ma résolution est prise, je veux bannir de mon cœur le Chevalier. C'en est fait, je ne prends plus de part à sa fortune, je ne réparerai plus ses pertes, il ne recevra plus rien de moi.

MARINE.

Son Valet vient, faites-lui un accueil glacé. Commencez par là ce grand ouvrage que vous méditez.

LA BARONE.

Laisse-moi faire.

SCENE II.
LA BARONE, MARINE, FRONTIN.

JE viens de la part de mon Maître & de la mienne, Madame, vous donner le bon jour.

LA BARONE *d'un air froid*.

Je vous en suis obligée, Frontin.

FRONTIN.

Et Mademoiselle Marine veut bien aussi qu'on prenne la liberté de la saluer.

MARINE *d'un air brusque*.

Bon jour & bon an.

FRONTIN *présentant un billet à la Barone*.

Ce billet que Monsieur le Chevalier vous écrit vous instruira, Madame, de certaine avanture...

MARINE *bas à la Barone*.

Ne le recevez pas.

COMEDIE.

LA BARONE *prenant le billet.*

Cela n'engage à rien, Marine, voyons, voyons ce qu'il me mande.

MARINE.

Sotte curiosité !

LA BARONE *lit.*

Je viens de recevoir le portrait d'une Comtesse, je vous l'envoye & vous le sacrifie. Mais vous ne devez point me tenir compte de ce sacrifice, ma chere Barone. Je suis si occupé, si possedé de vos charmes, que je n'ai pas la liberté de vous être infidéle. Pardonnez, mon adorable, si je ne vous en dis pas davantage ; j'ay l'esprit dans un accablement mortel. J'ai perdu tout mon argent, & Frontin vous dira le reste.

LE CHEVALIER.

MARINE.

Puisqu'il a perdu tout son argent, je ne vois pas qu'il y ait du reste à cela.

FRONTIN.

Pardonnez-moi ; outre les deux cens pistoles que Madame eut la bonté de lui prêter hier, & le peu d'argent qu'il avoit d'ailleurs, il a encore perdu mille écus sur sa parole : voilà le reste. Oh diable, il n'y a pas un mot inutile dans les billets de mon Maître.

LA BARONE.

Où est le portrait ?

FRONTIN *donnant le portrait.*

Le voici.

LA BARONE.

Il ne m'a point parlé de cette Comtesse-là, Frontin.

FRONTIN.

C'est une conquête, Madame, que nous avons faite sans y penser. Nous rencontrâmes l'autre jour cette Comtesse dans un Lansquenet.

MARINE.

Une Comtesse de lansquenet.

FRONTIN.

Elle agaça mon Maître, il répondit pour rire à ses minauderies. Elle qui aime le sérieux, a pris la chose fort sérieusement. Elle nous a ce matin envoyé son portrait. Nous ne sçavons pas seulement son nom.

MARINE.

Je vais parier que cette Comtesse-là est quelque Dame Normande. Toute sa famille bourgeoise se cottise pour lui faire tenir à Paris une petite pension, que les caprices du jeu augmentent ou diminuent.

FRONTIN.

C'est ce que nous ignorons.

MARINE.

Ho que non, vous ne l'ignorez pas. Peste, vous n'êtes pas gens à faire sottement des sacrifices. Vous en connoissez bien le prix.

FRONTIN.

Sçavez-vous bien, Madame, que cette derniere nuit a pensé être une nuit éternelle pour Monsieur le Chevalier. En arrivant au logis il se jette dans un fauteuil, il commence par se rappeller les plus malheureux coups du jeu, assaisonnant ses réflexions d'épithétes & d'apostrophes énergiques.

LA BARONE *regardant le portrait.*

Tu as vû cette Comtesse, Frontin; n'est-elle pas plus belle que son portrait ?

FRONTIN.

Non, Madame, & ce n'est pas, comme vous voyez une beauté reguliere ; mais elle est assez piquante, ma foi, elle est assez piquante. Or je voulus d'abord représenter à mon Maître que tous ses juremens étoient des paroles perduës ; mais considerant que cela soulage un Joueur désespéré, je le laissai s'égayer dans ses apostrophes.

LA BARONE *regardant toujours le portrait.*

Quel âge a-t-elle, Frontin ?

FRONTIN.

C'est ce que je ne sçais pas trop bien ; car elle a le teint si beau, que je pourrois m'y tromper d'une bonne vingtaine d'années.

MARINE.

C'est-à-dire qu'elle a pour le moins cinquante ans.

COMEDIE.

FRONTIN.

Je le croirois bien, car elle en paroît trente. Mon Maître donc après avoir bien réflechi, s'abandonne à la rage, il demande ses pistolets.

LA BARONE.

Ses pistolets, Marine, ses pistolets!

MARINE.

Il ne se tuera point, Madame, il ne se tuera point.

FRONTIN.

Je les lui refuse, aussi-tôt il tire brusquement son épée.

LA BARONE,

Ahi! il s'est blessé, Marine assurément·

MARINE.

Hé non non, Frontin l'en aura empêché.

FRONTIN.

Oüi, je me jette sur lui à corps perdu. Monsieur le Chevalier, lui dis-je, qu'allez-vous faire? Vous passez les bornes de la douleur du lansquenet. Si votre malheur vous fait haïr le jour, conservez-vous du moins, vivez pour votre aimable Barone ; elle vous a jusqu'ici tiré généreusement de tous vos embarras ; & soyez sûr, (ai-je ajoûté seulement pour calmer sa fureur,) qu'elle ne vous laissera point dans celui-ci.

MARINE *bas*.

L'entend-t-il le Maraud ?

FRONTIN.

Il ne s'agit que de mille écus une fois ; Monsieur Turcaret a bon dos, il portera bien encore cette charge-là.

LA BARONE.

Hé bien, Frontin ?

FRONTIN.

Hé bien, Madame, à ces mots, admirez le pouvoir de l'espérance ! il s'est laissé désarmer comme un enfant, il s'est couché & s'est endormi.

MARINE.

Le pauvre Chevalier !

FRONTIN.

Mais ce matin, à son réveil, il a senti renaître ses chagrins; le portrait de la Comtesse ne les a point dissipés. Il m'a fait partir sur le champ pour venir ici, & il attend mon retour pour disposer de son sort. Que lui dirai-je, Madame?

LA BARONE.

Tu lui diras, Frontin qu'il peut toûjours faire fond sur moi, & que n'étant point en argent comptant…

Elle veut tirer son diamant.

MARINE *la retenant.*

Hé, Madame, y songez-vous.

LA BARONE *remettant son diamant.*

Tu lui diras que je suis touchée de son malheur.

MARINE.

Et que je suis de mon côté très fâchée de son infortune.

FRONTIN.

Ah qu'il sera fâché lui… (*bas*) Maugrebleu de la soubrette.

LA BARONE.

Dis-lui bien, Frontin, que je suis sensible à ses peines.

MARINE.

Que je sens vivement son affliction, Frontin.

FRONTIN.

C'en est donc fait, Madame, vous ne verrez plus Monsieur le Chevalier; la honte de ne pouvoir payer ses dettes, va l'écarter de vous pour jamais; car rien n'est plus sensible pour un enfant de famille. Nous allons tout à l'heure prendre la poste.

LA BARONE.

Prendre la poste, Marine.

MARINE.

Ils n'ont pas de quoi la payer.

FRONTIN.

Adieu, Madame.

LA BARONE *tirant son diamant*.

Attens, Frontin.

MARINE.

MARINE.

Non, non, va-t-en vîte lui faire réponse.

LA BARONE *donnant le diamant à Frontin.*

Oh je ne puis me résoudre à l'abandonner : tien, voilà un diamant de cinq cens pistoles que Monsieur Turcaret m'a donné, va le mettre en gage, & tire ton Maître de l'affreuse situation où il se trouve.

FRONTIN.

Je vais le rappeller à la vie ; je lui rendrai compte, Marine, de l'excès de ton affliction.

Il sort.

MARINE.

Ah que vous êtes tous deux bien ensemble, Messieurs les fripons.

SCENE III.
LA BARONE, MARINE.

LA BARONE.

TU vas te déchaîner contre moi, Marine, t'emporter......

MARINE.

Non, Madame, je ne m'en donnerai pas la peine, je vous assure. Hé que m'importe après tout que votre bien s'en aille comme il vient ? Ce sont vos affaires, Madame, ce sont vos affaires.

LA BARONE.

Hélas ! je suis plus à plaindre qu'à blâmer ; ce que tu me vois faire n'est point l'effet d'une volonté libre, je suis entraînée par un penchant si tendre, que je ne puis y résister.

MARINE.

Un penchant tendre ! Ces foiblesses vous conviennent-elles ? Hé fy, vous aimez comme une vieille bourgeoife.

LA BARONE.

Que tu es injufte, Marine ! puis-je ne pas fçavoir gré au Chevalier du facrifice qu'il me fait ?

MARINE.

Le plaifant facrifice, que vous êtes facile à tromper. Mort de ma vie, c'eft quelque vieux portrait de famille ; que fçait-on ? de fa grand'mere peut-être.

LA BARONE.

Non, j'ai quelque idée de ce vifage-là & une idée récente.

MARINE *prenant le portrait.*

Attendez..... ah juftement, c'eft ce coloffe de provinciale que nous vîmes au bal il y a trois jours, qui fe fit tant prier pour ôter fon mafque, & que perfonne ne connut quand elle fut démafquée.

LA BARONE.

Tu as raifon, Marine ; cette Comteffe-là n'eft pas mal faite.

MARINE *rendant le portrait à la Baronne.*

A peu près comme Monsieur Turcaret. Mais si la Comtesse étoit femme d'affaires, on ne vous la sacrifieroit pas, sur ma parole.

LA BARONE.

Tais-toi, Marine, j'aperçois le laquais de Monsieur Turcaret.

MARINE.

Oh pour celui-ci passe, il ne nous apporte que de bonnes nouvelles. Il tient quelque chose, c'est sans doute un nouveau présent que son maître vous fait.

SCENE IV.

LA BARONE, MARINE, FLAMAND.

FLAMAND *présentant un petit coffre à la Barone.*

MOnsieur Turcaret, Madame, vous prie d'agréer ce petit présent; serviteur, Marine.

COMEDIE. 213

MARINE.

Tu fois le bien venu, Flamand; j'aime mieux te voir que ce vilain Frontin.

LA BARONE *montrant le coffre à Marine.*

Confidere, Marine, admire le travail de ce petit coffre; as-tu rien vû de plus délicat?

MARINE.

Ouvrez, ouvrez, je réferve mon admiration pour le dedans; le cœur me dit que nous en ferons plus charmées que du déhors.

LA BARONE *l'ouvre.*

Que vois-je? un billet au porteur! l'affaire est férieufe.

MARINE.

De combien, Madame?

LA BARONE.

De dix mille écus.

MARINE.

Bon, voilà la faute du diamant réparée.

LA BARONE.

Je vois un autre billet.

MARINE.

Encore au porteur?

LA BARONE.

Non, ce sont des vers que Monsieur Turcaret m'adresse.

MARINE.

Des vers de Monsieur Turcaret !

LA BARONE *lisant*.

A Philis..... quatrain..... Je suis la Philis, & il me prie en vers de recevoir son billet en prose.

MARINE.

Je suis fort curieuse d'entendre des vers d'un auteur qui envoye de si bonne prose.

LA BARONE.

Les voici, écoute.

Elle lit.

Recevez ce billet, charmante Philis,
Et soyez assurée que mon ame
Conservera toujours une éternelle flâme,
Comme il est certain que trois & trois font six.

COMEDIE.

MARINE.

Que cela est finement pensé!

LA BARONE.

Et noblement exprimé. Les auteurs se peignent dans leurs ouvrages.... allez, portez ce coffre dans mon cabinet, Marine. (*Marine sort.*) Il faut que je te donne quelque chose à toi, Flamand; je veux que tu boives à ma santé.

FLAMAND.

Je n'y manquerai pas, Madame, & du bon encore.

LA BARONE.

Je t'y convie.

FLAMAND.

Quand j'étois chez ce Conseiller que j'ai servi ci-devant, je m'accommodois de tout; mais depuis que je sis chez Monsieur Turcaret, je sis devenu délicat, oui.

LA BARONE.

Rien n'est tel que la maison d'un homme d'affaires, pour perfectionner le goût.

Marine revient.

TURCARET.
FLAMAND.
Le voici, Madame, le voici.

SCENE V.
LA BARONE, M. TURCARET, MARINE.

LA BARONE.

JE suis ravie de vous voir, Monsieur Turcaret, pour vous faire des complimens sur les vers que vous m'avez envoyés.

M. TURCARET *riant*.

Oh, oh.

LA BARONE.

Sçavez-vous bien qu'ils sont du dernier galant? Jamais les Voiture, ni les Pavillon n'en ont fait de pareils.

M. TURCARET.

Vous plaisantez apparemment?

LA BARONE.

Point du tout.

M. TURCARET.

Sérieusement, Madame, les trouvez-vous bien tournés?

LA BARONE.

LA BARONE.

Le plus spirituellement du monde.

M. TURCARET.

Ce sont pourtant les premiers vers que j'ai faits de ma vie.

LA BARONE.

On ne le diroit pas.

M. TURCARET.

Je n'ai pas voulu emprunter le secours de quelque Auteur, comme cela se pratique.

LA BARONE.

On le voit bien : les Auteurs de profession ne pensent & ne s'expriment pas ainsi ; on ne sçauroit les soupçonner de les avoir faits.

M. TURCARET.

J'ai voulu voir par curiosité si je serois capable d'en composer, & l'amour m'a ouvert l'esprit.

LA BARONE.

Vous êtes capable de tout, Monsieur, il n'y a rien d'impossible pour vous.

MARINE.

Votre prose, Monsieur, mérite aussi des complimens ; elle vaut bien votre poësie au moins,

M. TURCARET.

Il est vrai que ma prose a son mérite ; elle est signée & approuvée par quatre Fermiers généraux.

MARINE.

Cette approbation vaut mieux que celle de l'académie.

LA BARONE.

Pour moi je n'approuve point votre prose, Monsieur, & il me prend envie de vous quereller.

M. TURCARET.

D'où vient ?

LA BARONE.

Avez-vous perdu la raison de m'envoyer un billet au porteur ; vous faites tous les jours quelque folie comme cela.

M. TURCARET,

Vous vous mocquez,

COMEDIE. 219

LA BARONE.

Comment dix mille écus ? Ah si j'avois sçu cela, je vous l'aurois renvoyé sur le champ.

M. TURCARET.

Fi donc.

LA BARONE.

Mais je vous le renverrai.

M. TURCARET.

Oh vous l'avez reçu, vous ne le rendrez point.

MARINE *bas.*

Oh pour cela, non !

LA BARONE.

Je suis plus offensée du motif que de la chose même.

M. TURCARET.

Hé pourquoi ?

LA BARONE.

En m'accablant tous les jours de présens, il semble que vous vous imaginiez avoir besoin de ces liens-là pour m'attacher à vous.

T ij

TURCARET.

M. TURCARET.

Quelle pensée ! non, Madame, ce n'est point dans cette vûe que....

LA BARONE.

Mais vous vous trompez, Monsieur, je ne vous en aime pas davantage pour cela.

M. TURCARET.

Qu'elle est franche ! quelle est sincere !

LA BARONE.

Je ne suis sensible qu'à vos empressemens, qu'à vos soins.....

M. TURCARET.

Quel bon cœur !

LA BARONE.

Qu'au seul plaisir de vous voir.

M. TURCARET.

Elle me charme...... Adieu, charmante Philis.

LA BARONE.

Quoi, vous sortez si-tôt ?

M. TURCARET.

Oui, ma Reine, je ne viens ici que

COMEDIE. 221

pour vous saluer en passant. Je vais à une de nos assemblées, pour m'opposer à la réception d'un pied-plat, d'un homme de rien, qu'on veut faire entrer dans notre Compagnie. Je reviendrai dès que je pourrai m'échapper.

Il lui baise la main.

LA BARONE.

Fussiez-vous déja de retour.

MARINE *faisant la révérence
à M. Turcaret.*

Adieu, Monsieur, je suis votre très-humble servante.

M. TURCARET.

A propos, Marine, il me semble qu'il y a longtems que je ne t'ai rien donné...... *Il lui donne une poignée d'argent.*..... tiens, je donne sans compter moi.

MARINE.

Et moi je reçois de même, Monsieur. Oh, nous sommes tous deux des gens de bonne foi!

T iij

SCENE VI.

LA BARONE, MARINE.

LA BARONE.

IL s'en va fort satisfait de nous, Marine.

MARINE.

Et nous demeurons fort contentes de lui, Madame. L'excellent sujet ; il a de l'argent, il est prodigue & crédule, c'est un homme fait pour les coquettes.

LA BARONE.

J'en fais assez ce que je veux, comme tu vois.

MARINE.

Oui ; mais par malheur je vois arriver ici des gens qui vengent bien M. Turcaret.

COMEDIE.

SCENE VII.

LA BARONE, MARINE, LE CHEVALIER, FRONTIN.

LE CHEVALIER.

JE viens, Madame, vous témoigner ma reconnoissance ; sans vous, j'aurois violé la foi des joueurs : ma parole perdoit tout son crédit, & je tombois dans le mépris des honnêtes gens.

LA BARONE.

Je suis bien-aise, Chevalier, de vous avoir fait ce plaisir.

LE CHEVALIER.

Ah qu'il est doux de voir sauver son honneur par l'objet même de son amour ?

MARINE *bas*.

Qu'il est tendre & passionné ! Le moyen de lui refuser quelque chose !

LE CHEVALIER.

Bon jour, Marine. Madame, j'ai aussi quelques graces à lui rendre ;

Frontin m'a dit qu'elle s'est interressée à ma douleur.

MARINE.

Eh oui, merci de ma vie, je m'y suis interressée ; elle nous coute assez pour cela.

LA BARONE *à Marine.*

Taisez-vous, Marine, vous avez des vivacités qui ne me plaisent pas.

LE CHEVALIER.

Hé, Madame, laissez-la parler ; j'aime les gens francs & sinceres.

MARINE.

Et moi je hais ceux qui ne le sont pas.

LE CHEVALIER.

Elle est toute spirituelle dans ses mauvaises humeurs, elle a des réparties brillantes qui m'enlevent. Marine, au moins j'ai pour vous ce qui s'appelle une véritable amitié ; & je veux vous en donner des marques..... *Il fait semblant de fouiller dans ses poches...* Frontin, la premiere fois que je gagnerai fais-m'en ressouvenir.

COMEDIE. 225

FRONTIN.

C'eſt de l'argent comptant.

MARINE.

J'ai bien affaire de ſon argent ; hé qu'il ne vienne pas ici piller le nôtre !

LA BARONE.

Prenez garde à ce que vous dites, Marine.

MARINE.

C'eſt voler au coin d'un bois.

LA BARONE.

Vous perdez le reſpect.

LE CHEVALIER.

Ne prenez point la choſe ſérieuſement.

MARINE.

Je ne puis me contraindre, Madame ; je ne puis voir tranquillement que vous ſoyez la dupe de Monſieur, & que Monſieur Turcaret ſoit la vôtre.

LA BARONE.

Marine.....

MARINE.

Hé fi, fi, Madame, c'eſt ſe mocquer de recevoir d'une main, pour dissiper de l'autre. La belle conduite! Nous en aurons toute la honte, & Monsieur le Chevalier tout le profit.

LA BARONE.

Oh, pour cela vous êtes trop insolente; je n'y puis plus tenir.

MARINE.

Ni moi non plus.

LA BARONE.

Je vous chasserai.

MARINE.

Vous n'aurez pas cette peine-là, Madame, je me donne congé moi-même; je ne veux pas que l'on dise dans le monde que je suis infructueusement complice de la ruine d'un Financier.

LA BARONE.

Retirez-vous, impudente, ne paroissez jamais devant moi, que pour me rendre vos comptes.

MARINE.

Je les rendrai à Monsieur Turcaret, Madame; & s'il est assez sage pour m'en croire vous compterez auffi tous deux enfemble.

Elle fort.

SCENE VIII.

LA BARONE, LE CHEVALIER, FRONTIN.

LE CHEVALIER.

Voilà, je l'avoue, une créature impertinente : vous avez eu raifon de la chaffer.

FRONTIN.

Oui, Madame, vous avez eu raifon : Comment donc, mais c'eft une efpece de mere que cette fervante-là.

LA BARONE.

C'eft un pédant éternel que j'avois aux oreilles.

FRONTIN.

Elle fe mêloit de vous donner des confeils ; elle vous auroit gâtée à la fin.

LA BARONE.

Je n'avois que trop d'envie de m'en défaire ; mais je suis femme d'habitude, & je n'aime point les nouveaux visages.

LE CHEVALIER.

Il seroit pourtant fâcheux que dans le premier mouvement de sa colere elle allât donner à Monsieur Turcaret des impressions qui ne conviendroient ni à vous, ni à moi.

FRONTIN.

Oh diable elle n'y manquera pas, les soubrettes sont comme les bigotes ; elles font des actions charitables pour se venger.

LA BARONE.

De quoi s'inquietter ? Je ne la crains point. J'ai de l'esprit, & Monsieur Turcaret n'en a gueres : je ne l'aime point, & il est amoureux : je sçaurai me faire auprès de lui un mérite de l'avoir chassée.

FRONTIN.

Fort bien, Madame, il faut tout mettre à profit.

COMEDIE.

LA BARONE.

Mais je songe que ce n'est pas assez de nous être débarrassés de Marine, il faut encore exécuter une idée qui me vient dans l'esprit.

LE CHEVALIER.

Quelle idée, Madame ?

LA BARONE.

Le laquais de Monsieur Turcaret est un sot, un benêt dont on ne peut tirer le moindre service, & je voudrois mettre à sa place quelque habile homme, quelques uns de ces génies supérieurs qui sont faits pour gouverner les esprits médiocres, & les tenir toujours dans la situation dont on a besoin.

FRONTIN.

Quelqu'un de ces génies supérieurs ! je vous vois venir, Madame, cela me regarde.

LE CHEVALIER.

Mais en effet, Frontin ne nous sera pas inutile auprès de notre Traitante

LA BARONE.

Je veux l'y placer.

Le Chevalier.

Il nous en rendra bon compte, n'eſt-ce pas?

Frontin.

Je ſuis jaloux de l'invention, on ne pouvoit rien imaginer de mieux : par ma foi, Monſieur Turcaret, je vous ferai bien voir du pays ſur ma parole.

La Barone.

Il m'a fait préſent d'un billet au porteur de dix mille écus : je veux changer cet effet-là de nature ; il en faut faire de l'argent : je ne connois perſonne pour cela ; Chevalier, chargez-vous de ce ſoin ; je vais vous remettre le billet ; retirez ma bague, je ſuis bien-aiſe de l'avoir, & vous me tiendrez compte du ſurplus.

Frontin.

Cela eſt trop juſte, Madame, & vous n'avez rien à craindre de notre probité.

Le Chevalier.

Je ne perdrai point de tems, Madame, & vous aurez cet argent inceſſamment,

COMEDIE. 231
LA BARONE.
Attendez un moment, je vais vous donner le billet.

SCENE IX.

LE CHEVALIER, FRONTIN.

FRONTIN.

UN billet de dix mille écus ! La bonne aubaine, & la bonne femme : il faut être aussi heureux que vous l'êtes, pour en rencontrer de pareilles : sçavez-vous que je la trouve un peu trop crédule pour une coquette ?

LE CHEVALIER.
Tu as raison.

FRONTIN.
Ce n'est pas mal payer le sacrifice de notre vieille folle de Comtesse qui n'a pas le sol.

LE CHEVALIER.
Il est vrai.

FRONTIN.
Madame la Barone est persuadée

que vous avez perdu mille écus sur votre parole, & que son diamant est en gages; le lui rendrez-vous, Monsieur avec le reste du billet?

LE CHEVALIER.

Si je le lui rendrai !

FRONTIN.

Quoi tout entier, sans quelque nouvel article de dépense?

LE CHEVALIER.

Assurément, je me garderai bien d'y manquer.

FRONTIN.

Vous avez des momens d'équité, je ne m'y attendois pas.

LE CHEVALIER.

Je serois un grand malheureux de m'exposer à rompre avec elle à si bon marché.

FRONTIN.

Ah! je vous demande pardon; j'ai fait un jugement téméraire, je croyois que vous vouliez faire les choses à demi.

LE CHEVALIER.

COMÉDIE.

LE CHEVALIER.

Oh non, si jamais je me brouille, ce ne sera qu'après la ruine totale de M. Turcaret.

FRONTIN.

Qu'après sa destruction, son anéantissement.

LE CHEVALIER.

Je ne rends des soins à la coquette que pour ruiner le Traitant.

FRONTIN.

Fort bien : à ces sentimens généreux je reconnois mon Maître.

LE CHEVALIER.

Paix, Frontin, voici la Barone.

SCENE X.

LE CHEVALIER, LA BARONE, FRONTIN.

LA BARONE.

Allez, Chevalier, allez sans tarder davantage négocier ce billet, & me rendez ma bague le plûtôt que vous pourrez.

LE CHEVALIER.

Frontin, Madame, va vous la rapporter incessamment ; mais avant que je vous quitte, souffrez que charmé de vos manieres généreuses, je vous fasse connoître....

LA BARONE.

Non, je vous le défends, ne parlons point de cela.

LE CHEVALIER.

Quelle contrainte pour un coeur aussi reconnoissant que le mien !

COMÉDIE.

LA BARONE *s'en allant.*

Sans adieu, Chevalier, je crois que nous nous reverrons tantôt.

LE CHEVALIER.

Pourrois-je m'éloigner de vous sans une si douce espérance.

SCENE XI.

FRONTIN *seul.*

J'Admire le train de la vie humaine ; nous plumons une coquette, la coquette mange un homme d'affaires, l'homme d'affaires en pille d'autres : cela fait un ricochet de fourberies le plus plaisant du monde.

Fin du premier Acte.

ACTE SECOND.

SCENE PREMIERE.

LA BARONE, FRONTIN.

FRONTIN *lui donnant le diamant.*

JE n'ai pas perdu de tems, comme vous voyez, Madame; voilà votre diamant; l'homme qui l'avoit en gages me l'a remis entre les mains, dès qu'il a vû briller le billet au porteur, qu'il veut escompter moyennant un très-honnête profit. Mon Maître que j'ai laissé avec lui, va venir vous en rendre compte.

LA BARONE.

Je suis enfin débarassée de Marine: elle a sérieusement pris son parti; j'appréhendois que ce ne fût qu'une feinte; elle est sortie: ainsi, Frontin, j'ai besoin d'une femme de chambre; je te charge de m'en chercher une autre.

FRONTIN.

J'ai votre affaire en main ; c'est une jeune personne, douce, complaisante, comme il vous la faut : elle verroit tout aller sans dessus dessous dans votre maison, sans dire une syllabe.

LA BARONE.

J'aime ces caracteres-là : Tu la connois particulierement.

FRONTIN.

Très-particulierement ; nous sommes même un peu parens.

LA BARONE.

C'est-à-dire, que l'on peut s'y fier.

FRONTIN.

Comme à moi-même ; elle est sous ma tutelle : j'ai l'administration de ses gages & de ses profits, & j'ai soin de lui fournir tous ses petits besoins.

LA BARONE.

Elle sert sans doute actuellement.

FRONTIN.

Non, elle est sortie de condition depuis quelques jours.

LA BARONE.

Hé pour quel sujet ?

FRONTIN.

Elle servoit des personnes qui ménent une vie retirée, qui ne reçoivent que des visites sérieuses, un mari & une femme qui s'aiment, des gens extraordinaires : enfin c'est une maison triste, ma pupile s'y est ennuyée.

LA BARONE.

Où est-elle donc à l'heure qu'il est ?

FRONTIN.

Elle est logée chez une vieille prude de ma connoissance, qui par charité retire des femmes de chambre hors de condition, pour sçavoir ce qui se passe dans les familles.

LA BARONE.

Je la voudrois avoir dès aujourd'hui, je ne puis me passer de fille.

FRONTIN.

Je vais vous l'envoyer, Madame, ou vous l'amener moi-même ; vous en

COMEDIE. 239

ſerez contente : je ne vous ai pas dit toutes ſes bonnes qualités, elle chante & jouë à ravir de toutes ſortes d'inſtrumens.

LA BARONE.

Mais, Frontin, vous me parlez-là d'un fort joli ſujet.

FRONTIN.

Je vous en réponds ; auſſi je la deſtine pour l'Opera : mais je veux auparavant qu'elle ſe faſſe dans le monde ; car il n'en faut là que de toutes faites.

Il s'en va.

LA BARONE.

Je l'attends avec impatience.

SCENE II.

LA BARONE *ſeule*.

CEtte fille-là me ſera d'un grand agrément ; elle me divertira par ſes chanſons, au lieu que l'autre ne faiſoit que me chagriner par ſa mora-

le ; mais je vois Monsieur Turcaret :
ah, qu'il paroît agité ! Marine l'aura
été trouver.

SCENE III.

LA BARONE, M. TURCARET.

M. TURCARET *essoufflé*.

Ouf ! je ne sçai par où commencer, perfide.

LA BARONE *bas*.

Elle lui a parlé.

M. TURCARET.

J'ai appris de vos nouvelles, déloyale, j'ai appris de vos nouvelles : on vient de me rendre compte de vos perfidies, de votre dérangement.

LA BARONE.

Le début est agréable, & vous employez de fort jolis termes, Monsieur.

M. TURCARET.

Laissez-moi parler ; je veux vous dire

dire vos vérités, Marine me les a dites. Ce beau Chevalier qui vient ici à toute heure, & qui ne m'étoit pas suspect sans raison, n'est pas votre cousin, comme vous me l'avez fait accroire: vous avez des vûës pour l'épouser, & pour me planter là, moi, quand j'aurai fait votre fortune.

LA BARONE.

Moi, Monsieur, j'aimerois le Chevalier!

M. TURCARET.

Marine me l'a assuré, & qu'il ne faisoit figure dans le monde, qu'aux dépens de votre bourse & de la mienne, & que vous lui sacrifiez tous les présens que je vous fais.

LA BARONE.

Marine est une jolie personne: ne vous a-t-elle dit que cela, Monsieur?

M. TURCARET.

Ne me répondez point, felone, j'ai de quoi vous confondre, ne me répondez point, parlez, qu'est devenu, par exemple, ce gros brillant que je

Tome II.   X

vous donnai l'autre jour ? montrez-le tout à l'heure, montrez-le moi.

LA BARONE.

Puisque vous le prenez sur ce ton-là, Monsieur, je ne veux pas vous le montrer.

M. TURCARET.

Hé sur quel ton, Morbleu, prétendez-vous donc que je le prenne ? Oh vous n'en serez pas quitte pour des reproches ! Ne croyez pas que je sois assez sot pour rompre avec vous sans éclat. Je suis honnête homme, j'aime de bonne foi, je n'ai que des vûës légitimes ; je ne crains pas le scandale, moi : ah vous n'avez point affaire à un Abbé.

LA BARONE.

Non, j'ai affaire à un extravagant, à un possédé. Oh bien faites, Monsieur, faites tout ce qu'il vous plaira, je ne m'y opposerai point, je vous assûre.

M. TURCARET.

Allons, ce billet au porteur. que je

vous ai tantôt envoyé, qu'on me le rende.

LA BARONE.

Que je vous le rende ! & si je l'ai aussi donné au Chevalier.

M. TURCARET.

Ah si je le croyois !

LA BARONE.

Que vous êtes fou ! en vérité vous me faites pitié.

M. TURCARET.

Comment donc ! au lieu de se jetter à mes genoux, & de me demander grace, encore dit-elle que j'ai tort, encore dit-elle que j'ai tort.

LA BARONE.

Sans doute.

M. TURCARET.

Ah vraiment je voudrois bien par plaisir que vous entreprissiez de me persuader cela !

LA BARONE.

Je le ferois, si vous étiez en état d'entendre raison.

M. Turcaret.

Eh que me pourriez-vous dire, traîtresse ?

La Barone.

Je ne vous dirai rien, Ah quelle fureur !

M. Turcaret *essouflé*.

Hé bien parlez, Madame, parlez, je suis de sang froid.

La Barone.

Ecoutez-moi donc. Toutes les extravagances que vous venez de faire sont fondées sur un faux rapport que Marine...

M. Turcaret.

Un faux rapport ; ventrebleu ce n'est point...

La Barone.

Ne jurez pas, Monsieur, ne m'interrompez pas, songez que vous êtes de sang froid.

M. Turcaret.

Je me tais : il faut que je me contraigne,

COMÉDIE.

LA BARONE.

Sçavez-vous bien pourquoi je viens de chasser Marine ?

M. TURCARET.

Oüi, pour avoir pris trop chaudement mes intérêts.

LA BARONE.

Tout au contraire ; c'est à cause qu'elle me reprochoit sans cesse l'inclination que j'avois pour vous. Est-il rien de si ridicule, me disoit-elle à tous momens, que de voir la veuve d'un Colonel songer à un Monsieur Turcaret, un homme sans naissance, sans esprit, de la mine la plus basse...

M. TURCARET.

Passons s'il vous plaît, sur les qualités ; cette Marine-là est une impudente.

LA BARONE.

Pendant que vous pouvez choisir un époux entre vingt personnes de la premiere qualité, lorsque vous refusez votre aveu même aux pressantes instan-

X iij

ces de toute la famille d'un Marquis dont vous êtes adorée, & que vous avez la foiblesse de sacrifier à ce Monsieur Turcaret.

M. TURCARET.

Cela n'est pas possible.

LA BARONE.

Je ne prétends pas m'en faire un mérite, Monsieur. Ce Marquis est un jeune Seigneur, fort agréable de sa personne, mais dont les mœurs & la conduite ne me conviennent point. Il vient ici quelquefois avec mon cousin le Chevalier, son ami. J'ai découvert qu'il avoit gagné Marine, & c'est pour cela que je l'ai congédiée. Elle a été vous débiter mille impostures pour se venger, & vous êtes assez crédule pour y ajoûter foi ! Ne deviez-vous pas dans le moment faire réflexion que c'étoit une Servante passionnée qui vous parloit ; & que si j'avois eu quelque chose à me reprocher, je n'aurois pas été assez imprudente pour chasser une fille dont j'avois à craindre l'indiscrétion. Cette pensée, dites-

COMEDIE. 247

moi, ne se présente-t-elle pas naturellement à l'esprit ?

M. TURCARET.

J'en demeure d'accord : mais...

LA BARONE.

Mais, vous avez tort : elle vous a donc dit entr'autres choses que je n'avois plus ce gros brillant, qu'en badinant vous me mîtes l'autre jour au doigt, & que vous me forçâtes d'accepter.

M. TURCARET.

Oh oüi, elle m'a juré que vous l'avez donné aujourd'hui au Chevalier, qui est, dit-elle, votre parent comme Jean de Vert.

LA BARONE.

Et si je vous montrois tout à l'heure ce même diamant, que diriez-vous ?

M. TURCARET.

Oh je dirois en ce cas là que... mais cela ne se peut pas.

LA BARONE.

Le voilà, Monsieur, le reconnoissez-vous ? Voyez le fonds que l'on doit faire sur le rapport de certains Valets.

M. TURCARET.

Ah que cette Marine là est une grande scélérate : je connois sa friponnerie & mon injustice ; pardonnez-moi, Madame, d'avoir soupçonné votre bonne foi.

LA BARONE.

Non, vos fureurs ne sont point excusables : allez vous êtes indigne de pardon.

M. TURCARET.

Je l'avouë.

LA BARONE.

Falloit-il vous laisser si facilement prévenir contre une femme qui vous aime avec trop de tendresse ?

M. TURCARET.

Hélas, non, que je suis malheureux !

LA BARONE.

Convenez que vous êtes un homme bien foible.

COMEDIE.
M. TURCARET.

Oüi, Madame.

LA BARONE.

Une franche dupe.

M. TURCARET.

J'en conviens : ah, Marine, coquine de Marine ! Vous ne sçauriez vous imaginer tous les mensonges que cette pendarde-là m'est venu conter : elle m'a dit que vous & Monsieur le Chevalier vous me regardiez comme votre vache à lait ; & que si aujourd'hui pour demain je vous avois tout donné vous me feriez fermer votre porte au nez.

LA BARONE.

La malheureuse !

M. TURCARET.

Elle me l'a dit, c'est un fait constant ; je n'invente rien, moi.

LA BARONE.

Et vous avez eu la foiblesse de la croire un seul moment.

M. TURCARET.

Oüi, Madame, j'ai donné là-dedans comme un franc sot : où diable avois-je l'esprit ?

LA BARONE.

Vous repentez-vous de votre crédulité ?

M. TURCARET.

Si je m'en repens! je vous demande mille pardons de ma colere.

LA BARONE.

On vous la pardonne : levez-vous, Monsieur, vous auriez moins de jalousie, si vous aviez moins d'amour; & l'excès de l'un fait oublier la violence de l'autre.

M. TURCARET.

Quelle bonté! Il faut avouer que je suis un grand brutal.

LA BARONE.

Mais sérieusement, Monsieur, croyez-vous qu'un cœur puisse balancer un instant entre vous & le Chevalier ?

COMEDIE.

M. TURCARET.

Non, Madame, je ne le crois pas ; mais je le crains.

LA BARONE.

Que faut-il faire pour dissiper vos craintes ?

M. TURCARET.

Eloigner d'ici cet homme-là : consentez-y, Madame, j'en sçai les moyens.

LA BARONE.

Hé quels sont-ils ?

M. TURCARET.

Je lui donnerai une direction en province.

LA BARONE.

Une direction.

M. TURCARET.

C'est ma maniere d'écarter les incommodes : Ah combien de cousins, d'oncles, & de maris j'ai fait directeurs en ma vie ! J'en ai envoyés jusqu'en Canada.

LA BARONE.

Mais vous ne songez pas que mon cousin le Chevalier est homme de condition, & que ces sortes d'emplois ne lui conviennent pas: allez, sans vous mettre en peine de l'éloigner de Paris, je vous jure que c'est l'homme du monde qui doit vous causer le moins d'inquiétude.

M. TURCARET.

Ouf! j'étouffe d'amour & de joye; vous me dites cela d'une maniere si naïve, que vous me le persuadez.

LA BARONE.

Oublions le passé, il faut que je vous fasse une priere.

M. TURCARET.

Une priere: Oh donnez vos ordres.

LA BARONE.

Faites avoir une commission pour l'amour de moi à ce pauvre Flamand, votre laquais, c'est un garçon pour qui j'ai pris de l'amitié.

M. TURCARET.

Je l'aurois déja poussé, si je lui avois trouvé quelque disposition; mais il a l'esprit trop bonace ; cela ne vaut rien pour les affaires.

LA BARONE.

Donnez-lui un emploi qui ne soit pas difficile à exercer.

M. TURCARET.

Il en aura un dès aujourd'hui ; cela vaut fait.

LA BARONE.

Ce n'est pas tout ; je veux mettre auprès de vous Frontin, le laquais de mon cousin le Chevalier, c'est aussi un très-bon enfant.

M. TURCARET.

Je le prens, Madame, & vous promets de le faire commis au premier jour.

SCENE IV.
LA BARONE, M. TURCARET, FRONTIN.

FRONTIN.

Madame, vous allez bientôt avoir la fille dont je vous ai parlé.

LA BARONE.

Monsieur, voilà le garçon que je veux vous donner.

M. TURCARET.

Il paroît un peu innocent.

LA BARONE.

Que vous vous connoissez bien en physionomies !

M. TURCARET.

J'ai le coup d'œil infaillible. Approche, mon ami ; dis-moi un peu, as-tu déja quelques principes ?

FRONTIN.

Qu'appellez-vous des principes ?

COMEDIE.

M. TURCARET.

Des principes de commis, c'est-à-dire, si tu sçais comment on peut empêcher les fraudes, ou les favoriser.

FRONTIN.

Pas encore, Monsieur : mais je sens que j'apprendrai cela fort facilement.

M. TURCARET.

Tu sçais du moins l'arithmétique, tu sçais faire des comptes à parties simples ?

FRONTIN.

Oh oui, Monsieur, je sçai même faire des parties doubles ; j'écris aussi de deux écritures, tantôt de l'une, & tantôt de l'autre.

M. TURCARET.

De la ronde, n'est-ce pas ?

FRONTIN.

De la ronde, de l'oblique.

M. TURCARET.

Comment, de l'oblique ?

FRONTIN.

Hé oui, d'une écriture que vous

connoissez ; là, d'une certaine écriture qui n'est pas légitime.

M. TURCARET.

Il veut dire de la bâtarde.

FRONTIN.

Justement ; c'est ce mot-là que je cherchois.

M. TURCARET.

Quelle ingénuité ! ce garçon-là, Madame, est bien niais.

LA BARONE.

Il se déniaisera dans vos bureaux.

M. TURCARET.

Ho qu'oui, Madame, ho qu'oui ; d'ailleurs un bel esprit n'est pas nécessaire pour faire son chemin. Hors moi & deux ou trois autres, il n'y a parmi nous que des génies assez communs : il suffit d'un certain usage, d'une routine que l'on ne manque gueres d'attraper. Nous voyons tant de gens, nous nous étudions à prendre ce que le monde a de meilleur ; voilà toute notre science.

LA BARONE.

COMEDIE.

LA BARONE.

Ce n'est pas la plus inutile de toutes.

M. TURCARET.

Oh ça, mon ami, tu es à moi, & tes gages courent dès ce moment.

FRONTIN.

Je vous regarde donc, Monsieur, comme mon nouveau maître : mais en qualité d'ancien laquais de Monsieur le Chevalier, il faut que je m'acquitte d'une commission dont il m'a chargé ? il vous donne & à Madame sa cousine à souper ici ce soir.

M. TURCARET.

Très-volontiers.

FRONTIN.

Je vais ordonner chez Fite toutes sortes de ragoûts, avec vingt-quatre bouteilles de vin de Champagne ; & pour égayer le repas vous aurez des voix & des instrumens.

LA BARONE.

De la musique, Frontin ?

FRONTIN.

Oui, Madame, à telles enseignes

que j'ai ordre de commander cent bouteilles de vin de Surene pour abreuver
la symphonie.

LA BARONE.

Cent bouteilles !

FRONTIN.

Ce n'est pas trop, Madame; il y
aura huit Concertans, quatre Italiens
de Paris, trois Chanteuses & deux gros
Chantres.

M. TURCARET.

Il a ma foi raison, ce n'est pas trop.
Ce repas sera fort joli.

FRONTIN.

Oh diable, quand Monsieur le Chevalier donne des soupers comme cela,
il n'épargne rien, Monsieur.

M. TURCARET.

J'en suis persuadé.

FRONTIN.

Il semble qu'il ait à sa disposition la
bourse d'un partisan.

LA BARONE.

Il veut dire qu'il fait les choses fort
magnifiquement.

COMEDIE.

M. TURCARET.

Qu'il est ingénu ! Hé bien, nous verrons cela tantôt ; & pour surcroît de réjouissance, j'amenerai ici Monsieur Gloutonneau le Poëte ; aussi-bien je ne sçaurois manger si je n'ai quelque bel esprit à ma table.

LA BARONE.

Vous me ferez plaisir. Cet auteur apparemment est fort brillant dans la conversation ?

M. TURCARET.

Il ne dit pas quatre parole dans un repas ; mais il mange & pense beaucoup : peste, c'est un homme bien agréable.... Oh, ça je cours chez Dautel vous acheter une caisse de porcelaines de Saxe d'une beauté.....

LA BARONE.

Prenez garde à ce que vous ferez, je vous en prie ; ne vous jettez point dans une dépense.....

M. TURCARET.

Hé fy, Madame, fy ; vous vous arrêtez à des minuties. Sans adieu, ma reine. *Il sort.*

SCENE V.

LA BARONE, FRONTIN.

LA BARONE.

ENfin te voilà en train de faire ta fortune.

FRONTIN.

Oui, Madame, & en état de ne pas nuire à la vôtre.

LA BARONE.

C'eſt à preſent, Frontin, qu'il faut donner l'eſſor à ce génie ſupérieur.....

FRONTIN.

On tâchera de vous prouver qu'il n'eſt pas médiocre.

LA BARONE.

Quand m'amenera-t-on cette fille?

FRONTIN.

Je l'attens; je lui ai donné rendez-vous ici.

LA BARONE.

Tu m'avertiras quand elle ſera venue. *Elle entre dans une autre chambre.*

COMEDIE.

SCENE VI.

FRONTIN *seul.*

Courage, Frontin, courage, mon ami ; la fortune t'appelle : te voilà placé chez un homme d'affaires par le canal d'une coquette. Quelle joye ! l'agréable perspective ! Je m'imagine que toutes les choses que je vais toucher vont se convertir en or.... Mais j'apperçois ma pupile.

SCENE VII.

FRONTIN, LISETTE.

FRONTIN.

Tu sois la bien venue, Lisette ; on t'attend avec impatience dans cette maison.

LISETTE.

J'y entre avec une satisfaction dont je tire un bon augure.

FRONTIN.

Je t'ai mise au fait sur tout ce qui s'y passe, tu n'as qu'à te régler là-dessus : souviens-toi seulement qu'il faut avoir une complaisance infatigable.

LISETTE.

Il n'est pas besoin de me recommander cela.

FRONTIN.

Flatte sans cesse l'entêtement que la Barone a pour le Chevalier ; c'est-là le point.

LISETTE.

Tu me fatigues de leçons inutiles.

FRONTIN.

Le voici qui vient.

LISETTE.

Je ne l'avois pas encore vû. Ah qu'il est bien fait, Frontin.

FRONTIN.

Il ne faut pas être mal bâti pour donner de l'amour à une coquette.

SCENE VIII.

LE CHEVALIER, FRONTIN, LISETTE.

LE CHEVALIER.

JE te rencontre à propos, Frontin, pour t'apprendre..... Mais que vois-je? Quelle est cette beauté brillante?

FRONTIN.

C'est une fille que je donne à Madame la Barone pour remplacer Marine.

LE CHEVALIER.

Et c'est sans doute une de tes amies?

FRONTIN.

Oui, Monsieur, il y a longtems que nous nous connoissons; je suis son répondant.

LE CHEVALIER.

Bonne caution! c'est faire son éloge en un mot. Elle est parbleu charmante. Monsieur le répondant, je me plains de vous.

FRONTIN.

D'où vient ?

LE CHEVALIER.

Je me plains de vous, vous dis-je ? vous sçavez toutes mes affaires, & vous me cachez les vôtres : vous n'êtes pas un ami sincere.

FRONTIN.

Je n'ai pas voulu, Monsieur...

LE CHEVALIER.

La confiance pourtant doit être réciproque : pourquoi m'avoir fait mystere d'une si belle découverte ?

FRONTIN.

Ma foi, Monsieur, je craignois...

LE CHEVALIER.

Quoi ?

FRONTIN.

Oh, Monsieur, que diable, vous m'entendez de reste.

LE CHEVALIER.

Le maraud ! où a-t-il été déterrer ce petit minois-la ? Ah la piquante représentation : l'adorable grisette !

LISETTE.

COMEDIE.

LISETTE.

Que les jeunes seigneurs sont honnêtes !

LE CHEVALIER.

Non, je n'ai jamais rien vû de si beau que cette créature-là.

LISETTE.

Que leurs expressions sont flatteuses ! je ne m'étonne plus que les femmes les courent.

LE CHEVALIER.

Faisons un troc, Frontin, cede-moi cette fille-là, & je t'abandonne ma vieille Comtesse.

FRONTIN.

Non, Monsieur, j'ai les inclinations roturieres ; je m'eh tiens à Lisette, à qui j'ai donné ma foi.

LE CHEVALIER.

Va, tu peux te vanter d'être le plus heureux faquin..... Oui, belle Lisette, vous méritez.....

LISETTE.

Tréve de douceurs, Monsieur le Chevalier : je vais me présenter à ma maîtresse, qui ne m'a point encore vûe : vous pouvez venir si vous voulez continuer devant elle la conversation.

SCENE IX.

LE CHEVALIER, FRONTIN.

LE CHEVALIER.

Parlons de choses sérieuses, Frontin. Je n'apporte point à la Barone l'argent de son billet.

FRONTIN.

Tant pis.

LE CHEVALIER.

J'ai été chercher un usurier qui m'a déja prêté de l'argent ; mais il n'est plus à Paris : des affaires qui lui sont survenues, l'ont obligé d'en sortir brusquement ; ainsi je vais te charger du billet.

FRONTIN.

Pourquoi ?

COMEDIE. 267

LE CHEVALIER.

Ne m'as-tu pas dit que tu connoisſois un Agent de change qui te donneroit de l'argent à l'heure même ?

FRONTIN.

Cela eſt vrai : mais que direz-vous à Madame la Barone ? Si vous lui dites que vous avez encore ſon billet, elle verra bien que nous n'avions pas mis ſon brillant en gages, car enfin elle n'ignore pas qu'un homme qui prête, ne ſe déſaiſit pas pour rien de ſon nantiſſement.

LE CHEVALIER.

Tu as raiſon; auſſi ſuis-je d'avis de lui dire que j'ai touché l'argent, qu'il eſt chez moi, & que demain matin tu le feras apporter ici. Pendant ce tems-là cours chez ton Agent de change, & fais porter au logis l'argent que tu en recevras : je vais t'y attendre auſſi-tôt que j'aurai parlé à la Barone.

Il entre dans la chambre de la Barone.

SCENE X.

FRONTIN seul.

JE ne manque pas d'occupation, Dieu merci ; il faut que j'aille chez le Traiteur, de-là chez l'Agent de change, de chez l'Agent de change, au logis, & puis il faudra que je revienne ici joindre Monsieur Turcaret : cela s'appelle, ce me semble, une vie assez agissante ; mais patience, après quelque tems de fatigue & de peine, je parviendrai enfin à un état d'aise : Alors quelle satisfaction ! quelle tranquillité d'esprit ! je n'aurai plus que ma conscience à mettre en repos.

Fin du second Acte.

COMEDIE.

ACTE TROISIE'ME.

SCENE PREMIERE.
LA BARONE, FRONTIN, LISETTE.

LA BARONE.

HE' bien, Frontin, as-tu commandé le souper ? Fera-t-on grand'chere ?

FRONTIN.

Je vous en répons, Madame, demandez à Lisette de quelle maniere je régale pour mon compte, & jugez par-là de ce que je sçai faire lorsque je régale aux dépens des autres.

LISETTE.

Il est vrai, Madame, vous pouvez vous en fier à lui.

FRONTIN.

Monsieur le Chevalier m'attend : je vais lui rendre compte de l'arrangement de son repas ; & puis je viendrai ici prendre possession de Monsieur Turcaret mon nouveau maître.

SCENE II.
LA BARONE, LISETTE.

LISETTE.

CE garçon-là est un garçon de mérite, Madame.

LA BARONE.

Il paroît que vous n'en manquez pas vous, Lisette.

LISETTE.

Il a beaucoup de sçavoir faire.

LA BARONE.

Je ne vous crois pas moins habile.

LISETTE.

Je serois bienheureuse, Madame, si mes petits talens pouvoient vous être utiles.

LA BARONE.

Je suis contente de vous : mais j'ai un avis à vous donner : je ne veux pas qu'on me flate.

LISETTE.

Je suis ennemie de la flatterie.

COMEDIE.

LA BARONE.

Sur-tout quand je vous consulterai sur des choses qui me regarderont, soyez sincere.

LISETTE.

Je n'y manquerai pas.

LA BARONE.

Je vous trouve pourtant trop de complaisance.

LISETTE.

A moi, Madame.

LA BARONE.

Oui, vous ne combattez pas assez les sentimens que j'ai pour le Chevalier.

LISETTE.

Hé pourquoi les combattre ? ils sont si raisonnables.

LA BARONE.

J'avoue que le Chevalier me paroît digne de toute ma tendresse.

LISETTE.

J'en fais le même jugement.

LA BARONE.

Il a pour moi une passion véritable & constante.

LISETTE.

Un Chevalier fidele & sincere : on n'en voit gueres comme cela.

LA BARONE.

Aujourd'hui même encore il m'a sacrifié une Comtesse.

LISETTE.

Une Comtesse ?

LA BARONE.

Elle n'est pas, à la vérité, dans la premiere jeunesse.

LISETTE.

C'est ce qui rend le sacrifice plus beau. Je connois Messieurs les Chevaliers : une vieille Dame leur coute plus qu'une autre à sacrifier.

LA BARONE.

Il vient de me rendre compte d'un billet que je lui ai confié. Que je lui trouve de bonne foi !

LISETTE.

Cela est admirable.

LA BARONE.

Il a une probité qui va jusqu'au scrupule.

COMEDIE. 273

LISETTE.

Mais, mais voilà un Chevalier unique en son espece.

LA BARONE.

Taisons-nous, j'apperçois Monsieur Turcaret.

SCENE III.

M. TURCARET, LISETTE, LA BARONE.

M. TURCARET.

JE viens, Madame... Oh oh! vous avez une nouvelle femme de chambre.

LA BARONE.

Oüi, Monsieur; que vous semble de celle-ci?

M. TURCARET.

Ce qu'il m'en semble! elle me revient assez; il faudra que nous fassions connoissance.

LISETTE.

La connoissance sera bientôt faite, Monsieur.

LA BARONE à Lisette.

Vous sçavez qu'on soupe ici; donnez ordre que nous ayons un couvert propre, & que l'appartement soit bien éclairé.

M. TURCARET.

Je crois cette fille-là fort raisonnable.

LA BARONE.

Elle est fort dans vos intérêts, du moins.

M. TURCARET.

Je lui en sçai bon gré. Je viens, Madame, de vous acheter pour dix mille francs de glaces, de porcelaines & de bureaux : ils sont d'un goût exquis, je les ai choisis moi-même.

LA BARONE.

Vous êtes universel, Monsieur, vous vous connoissez à tout.

M. TURCARET.

Oüi, graces au Ciel, & sur-tout en bâtiment. Vous verrez, vous verrez l'Hôtel que je vais faire bâtir.

LA BARONE.

Quoi, vous allez faire bâtir un Hôtel.

COMEDIE.

TURCARET.

J'ai déja acheté la place, qui contient quatre arpens, six perches, neuf toises, trois pieds & onze pouces. N'est-ce pas-là une belle étendüe?

LA BARONE.

Fort belle.

M. TURCARET.

Le logis sera magnifique; je ne veux pas qu'il y manque un zéro, je le ferois plûtôt abattre deux ou trois fois.

LA BARONE.

Je n'en doute pas.

M. TURCARET.

Malpeste, je n'ai garde de faire quelque chose de commun, je me ferois siffler de tous les gens d'affaires.

LA BARONE.

Assurément.

M. TURCARET.

Quel homme entre ici?

LA BARONE.

C'est ce jeune Marquis dont je vous ai dit que Marine avoit épousé les in-

térêts. Je me passerois bien de ses visites, elles ne me font aucun plaisir.

SCENE IV.

M. TURCARET, LA BARONE, LE MARQUIS.

LE MARQUIS.

JE parie que je ne trouverai point encore ici le Chevalier.

M. TURCARET, *bas.*

Ah morbleu, c'est le Marquis de la Aribaudiere. La fâcheuse rencontre !

LE MARQUIS.

Il y a près de deux jours que je le cherche... Hé, que vois-je ?... oüi... non... pardonnez-moi... justement... c'est lui-même ; c'est Monsieur Turcaret. Que faites-vous de cet homme-là, Madame ? Vous le connoissez ! vous empruntez sur gages. Palsambleu il vous ruinera.

LA BARONE.

Monsieur le Marquis.

COMEDIE. 277

LE MARQUIS.

Il vous pillera, il vous écorchera, je vous en avertis. C'eſt l'uſurier le plus vif! il vend ſon argent au poids de l'or.

M. TURCARET, *bas.*

J'aurois mieux fait de m'en aller.

LA BARONE.

Vous vous méprenez, Monſieur le Marquis; Monſieur Turcaret paſſe dans le monde pour un homme de bien & d'honneur.

LE MARQUIS.

Auſſi l'eſt-il, Madame, auſſi l'eſt-il; il aime le bien des hommes & l'honneur des femmes; il a cette réputation-là.

M. TURCARET.

Vous aimez à plaiſanter, Monſieur le Marquis. Il eſt badin, Madame, il eſt badin : ne le connoiſſez-vous pas ſur ce pied-là?

LA BARONE.

Oüi ; je comprends bien qu'il badine, ou qu'il eſt mal informé.

LE MARQUIS.

Mal informé ! Morbleu, Madame ; personne ne sçauroit vous en parler mieux que moi : il a de mes nippes actuellement.

M. TURCARET.

De vos nippes, Monsieur ? oh je serois bien serment du contraire.

LE MARQUIS.

Ah parbleu, vous avez raison. Le diamant est à vous à l'heure qu'il est, selon nos conventions ; j'ai laissé passer le terme.

LA BARONE.

Expliquez-moi tous deux cette énigme.

M. TURCARET.

Il n'y a point d'énigme là-dedans, Madame, je ne sçai ce que c'est.

LE MARQUIS.

Il a raison, cela est fort clair, il n'y a point d'énigme. J'eus besoin d'argent il y a quinze mois ; j'avois un brillant de cinq cens loüis : on m'adressa à Monsieur Turcaret ; Monsieur Turcaret me renvoya à un de ses Commis, à un

COMEDIE. 279

certain Monsieur Ra, ra, Rafle: c'est celui qui tient son Bureau d'usure. Cet honnête Monsieur Rafle me prêta sur ma bague onze cent trente-deux livres six sols & quelques deniers; il me prescrivit un tems pour la retirer: je ne suis pas fort exact moi, le tems est passé, mon diamant est perdu.

M. TURCARET.

Monsieur le Marquis, Monsieur le Marquis, ne me confondez point avec Monsieur Rafle, je vous prie: c'est un fripon que j'ai chassé de chez moi: s'il a fait quelque mauvaise manœuvre, vous avez la voie de la Justice; je ne sçai ce que c'est que votre brillant, je ne l'ai jamais vû ni manié.

LE MARQUIS.

Il me venoit de ma tante; c'étoit un des plus beaux brillans; il étoit d'une netteté, d'une forme, d'une grosseur à peu près comme... *Il regarde le diamant de la Barone.* Hé... le voilà, Madame; vous vous en êtes accommodée avec Monsieur Turcaret apparemment?

LA BARONE.

Autre méprise, Monsieur; je l'ai

acheté assez cher même d'une revendeuse à la toilette.

LE MARQUIS.

Cela vient de lui, Madame; il a des revendeuses à sa disposition, &, à ce qu'on dit même, dans sa famille.

M. TURCARET.

Monsieur, Monsieur.

LA BARONE.

Vous êtes insultant, Monsieur le Marquis.

LE MARQUIS.

Non, Madame, mon dessein n'est pas d'insulter; je suis trop serviteur de M. Turcaret, quoiqu'il me traite durement: nous avons eu autrefois ensemble un petit commerce d'amitié; il étoit laquais de mon grand-pere; il me portoit sur ses bras; nous joüions tous les jours ensemble; nous ne nous quittions presque point; le petit ingrat ne s'en souvient plus.

M. TURCARET.

Je me souviens, je me souviens, le passé est passé, je ne songe qu'au present.

LA

COMEDIE.

LA BARONE.

De grace, Monsieur le Marquis, changeons de discours. Vous cherchez Monsieur le Chevalier.

LE MARQUIS.

Je le cherche par-tout, Madame, aux spectacles, au cabaret, au bal, au lansquenet; je ne le trouve nulle part, ce coquin-là se débauche, il devient libertin.

LA BARONE.

Je lui en ferai des reproches.

LE MARQUIS.

Je vous en prie : pour moi je ne change point; je mene une vie reglée, je suis toujours à table; j'ai du crédit, parce qu'on sçait que je dois bientôt hériter d'une vieille tante, & qu'on me voit une disposition plus que prochaine à manger sa succession.

LA BARONE.

Vous n'êtes pas une mauvaise pratique pour les Traiteurs.

LE MARQUIS.

Non, Madame, ni pour les Traitans,

n'eſt-ce pas, Monſieur Turcaret? ma tante pourtant veut que je me corrige: & pour lui faire accroire qu'il y a déja du changement dans ma conduite, je vais la voir dans l'état où je ſuis; elle ſera toute étonnée de me trouver ſi raiſonnable; car elle m'a preſque toûjours vû yvre.

LA BARONE.

Effectivement, Monſieur le Marquis, c'eſt une nouveauté de vous voir autrement: vous avez fait aujourd'hui un excès de ſobrieté.

LE MARQUIS.

Je ſoupai hier avec trois des plus jolies femmes de Paris; nous avons bû juſqu'au jour, & j'ai été faire un petit ſomme chez moi, afin de pouvoir me preſenter à jeun devant ma tante.

LA BARONE.

Vous avez bien de la prudence.

LE MARQUIS.

Adieu, ma toute aimable, dites au Chevalier qu'il ſe rende un peu à ſes amis; prêtez-le-nous quelquefois, ou je viendrai si souvent ici que je l'y trouverai. Adieu, Monsieur Turcaret ; je n'ai point de rancune au moins : touchez là, renouvellons notre ancienne amitié ; mais dites un peu à votre ame damnée, à ce Monsieur Rafle, qu'il me traite plus humainement la premiere fois que j'aurai besoin de lui.

SCENE V.

M. TURCARET, LA BARONE.

M. TURCARET.

VOilà une mauvaise connoissance, Madame ; c'est le plus grand fou, & le plus grand menteur que je connoisse.

LA BARONE.

C'est en dire beaucoup.

M. TURCARET.

Que j'ai souffert pendant cet entretretien !

LA BARONE.

Je m'en suis apperçûë.

M. TURCARET.

Je n'aime point les malhonnêtes gens.

LA BARONE.

Vous avez bien raifon.

M. TURCARET.

J'ai été fi furpris d'entendre les chofes qu'il a dites, que je n'ai pas eu la force de répondre ; ne l'avez-vous pas remarqué ?

LA BARONE.

Vous en avez ufé fagement, j'ai admiré votre modération.

M. TURCARET.

Moi, ufurier, quelle calomnie !

LA BARONE.

Cela regarde plus Monfieur Rafle que vous.

M. TURCARET.

Vouloir faire aux gens un crime de prêter fur gages ! il vaut mieux prêter fur gages, que prêter fur rien.

COMEDIE.

LA BARONE.

Assurément.

M. TURCARET.

Me venir dire au nez que j'ai été laquais de son grand-pere; rien n'est plus faux, je n'ai jamais été que son homme d'affaires.

LA BARONE.

Quand cela seroit vrai : le beau reproche ! il y a si long-tems ! cela est prescrit.

M. TURCARET.

Oüi sans doute.

LA BARONE.

Ces sortes de mauvais contes ne font aucune impression sur mon esprit; vous êtes trop bien établi dans mon coeur.

M. TURCARET.

C'est trop de grace que vous me faites.

LA BARONE.

Vous êtes un homme de mérite.

M. TURCARET.

Vous vous mocquez.

LA BARONE.

Un vrai homme d'honneur.

M. TURCARET.

Oh point du tout.

LA BARONE.

Et vous avez trop l'air & les manieres d'une perſonne de condition, pour pouvoir être ſoupçonné de ne l'être pas.

SCENE VI.

M. TURCARET, LA BARONE, FLAMAND.

FLAMAND.

Monſieur.

M. TURCARET.

Que me veux-tu ?

FLAMAND.

Il eſt là-bas qui vous demande.

M. TURCARET.

Qui ? butor.

COMEDIE.

FLAMAND.

Ce Monsieur que vous sçavez ; là, ce Monsieur... Monsieur chose...

M. TURCARET.

Monsieur chose !

FLAMAND.

Hé oüi, ce Commis que vous aimez tant. Drès qu'il vient pour déviser avec vous, tout aussi-tôt vous faites sortir tout le monde, & ne voulez pas que personne vous écoute.

M. TURCARET.

C'est Monsieur Rafle apparemment.

FLAMAND.

Oüi, tout fin dret, Monsieur, c'est lui-même.

M. TURCARET.

Je vais le trouver, qu'il m'attende.

LA BARONE.

Ne disiez-vous pas que vous l'aviez chassé ?

M. TURCARET.

Oüi, & c'est pour cela qu'il vient ici, il cherche à se racommoder. Dans le fonds c'est un assez bon homme,

homme de confiance. Je vais sçavoir ce qu'il me veut.

LA BARONE.

Hé non, non : qu'il vienne ici, Monsieur, vous lui parlerez dans cette salle; n'êtes-vous pas ici chez vous ?

M. TURCARET.

Vous êtes bien honnête, Madame.

LA BARONE.

Je ne veux point troubler votre conversation, je vous laisse : n'oubliez pas la priere que je vous ai faite en faveur de Flamand.

M. TURCARET.

Mes ordres sont déja donnés pour cela, vous serez contente.

SCENE VII.

M. TURCARET, M. RAFLE.

M. TURCARET.

DE quoi est-il question, Monsieur Rafle ? pourquoi me venir chercher jusqu'ici ? Ne sçavez-vous pas
bien

bien que quand on vient chez les Dames, ce n'eſt pas pour y entendre parler d'affaires?

M. RAFLE.

L'importance de celles que j'ai à vous communiquer, doit me ſervir d'excuſe.

M. TURCARET.

Qu'eſt-ce que c'eſt donc que ces choſes d'importance?

M. RAFLE.

Peut-on parler ici librement?

M. TURCARET.

Oüi, vous le pouvez; je ſuis le maître: Parlez.

M. RAFLE, *regardant dans un bordereau.*

Premierement. Cet enfant de famille à qui nous prêtâmes l'année paſſée trois mille livres, & à qui je fis faire un billet de neuf par votre ordre, ſe voyant ſur le point d'être inquiété pour le payement, a déclaré la choſe à ſon oncle le Préſident, qui, de concert avec toute la famille, travaille actuellement à vous perdre.

M. TURCARET.

Peine perduë que ce travail-là ; laiſſons-les venir. Je ne prends pas facilement l'épouvante.

M. RAFLE *après avoir regardé dans ſon bordereau.*

Ce Caiſſier que vous avez cautionné, & qui vient de faire banqueroute de deux cens mille écus...

M. TURCARET.

C'eſt par mon ordre qu'il... je ſçai où il eſt.

M. RAFLE.

Mais les procedures ſe font contre vous ; l'affaire eſt ſérieuſe & preſſante.

M. TURCARET.

On l'accommodera ; j'ai pris mes meſures, cela ſera reglé demain.

M. RAFLE.

J'ai peur que ce ne ſoit trop tard.

M. TURCARET.

Vous êtes trop timide. Avez-vous paſſé chez ce jeune homme de la ruë

COMÉDIE.

Quinquempoix, à qui j'ai fait avoir une caisse.

M. RAFLE.

Oüi, Monsieur, il veut bien vous prêter vingt mille francs des premiers deniers qu'il touchera, à condition qu'il fera valoir à son profit ce qui pourra lui rester à la compagnie, & que vous prendrez son parti, si l'on vient à s'appercevoir de la manœuvre.

M. TURCARET.

Cela est dans les regles, il n'y a rien de plus juste; voilà un garçon raisonnable. Vous lui direz, Monsieur Rafle, que je le protégerai dans toutes ses affaires. Y a-t'il encore quelque chose?

M. RAFLE *après avoir regardé dans le bordereau.*

Ce grand homme sec, qui vous donna il y a deux mois deux mille francs pour une direction que vous lui avez fait avoir à Valogne....

M. TURCARET.

Hé bien?

M. RAFLE.

Il lui est arrivé un malheur.

M. TURCARET.
Quoi !

M. RAFLE.
On a surpris sa bonne foi, on lui a volé quinze mille francs. Dans le fonds il est trop bon.

M. TURCARET.
Trop bon, trop bon ? hé pourquoi diable s'est-il donc mis dans les affaires ? trop bon, trop bon.

M. RAFLE.
Il m'a écrit une lettre fort touchante, par laquelle il vous prie d'avoir pitié de lui.

M. TURCARET.
Papier perdu ! lettre inutile !

M. RAFLE.
Et de faire ensorte qu'il ne soit point révoqué.

M. TURCARET.
Je ferai plûtôt ensorte qu'il le soit ; l'emploi me reviendra ; je le donnerai à un autre pour le même prix.

M. RAFLE.
C'est ce que j'ai pensé comme vous

COMÉDIE.

M. TURCARET.

J'agirois contre mes intérêts ; je mériterois d'être cassé à la tête de la Compagnie.

M. RAFLE.

Je ne suis pas plus sensible que vous aux plaintes des sots... Je lui ai déja fait réponse, & lui ai mandé tout net qu'il ne devoit point compter sur vous.

M. TURCARET.

Non parbleu.

M. RAFLE *regardant dans son bordereau.*

Voulez-vous prendre au denier quatorze cinq mille francs qu'un honnête Serrurier de ma connoissance a amassés par son travail & par ses épargnes ?

M. TURCARET.

Oüi, oüi, cela est bon, je lui ferai ce plaisir-là : allez me le chercher ; je serai au logis dans un quart-d'heure, qu'il apporte l'espèce. Allez, allez...

M. RAFLE *s'en allant & revenant.*

J'oubliois la principale affaire : je ne l'ai pas mise sur mon agenda.

M. TURCARET.

Qu'est-ce que c'est que cette principale affaire ?

M. RAFLE.

Une nouvelle qui vous surprendra fort. Madame Turcaret est à Paris.

M. TURCARET.

Parlez bas, Monsieur Rafle, parlez bas.

M. RAFLE.

Je la rencontrai hier dans un fiacre, avec une maniere de jeune Seigneur dont le visage ne m'est pas tout-à-fait inconnu, & que je viens de trouver dans cette rue-ci en arrivant.

M. TURCARET.

Vous ne lui parlâtes point ?

M. RAFLE.

Non : mais elle m'a fait prier ce matin de ne vous en rien dire, & de vous faire souvenir seulement qu'il lui est dû quinze mois de la pension de quatre mille livres que vous lui donnez pour la tenir en province. Elle ne s'en retournera point qu'elle ne soit payée.

COMÉDIE.

M. TURCARET.

Oh ventrebleu, Monsieur Rafle, qu'elle le soit : défaisons-nous promptement de cette créature-là. Vous lui porterez dès aujourd'hui les cinq cent pistoles du Serrurier ; mais qu'elle parte dès demain.

M. RAFLE.

Oh elle ne demandera pas mieux. Je vais chercher le bourgeois & le mener chez vous.

M. TURCARET.

Vous m'y trouverez.

SCENE VIII.

M. TURCARET seul.

MAlepeste, ce seroit une sotte avanture, si Madame Turcaret s'avisoit de venir en cette maison : elle me perdroit dans l'esprit de ma Barone, à qui j'ai fait accroire que j'étois veuf.

SCENE IX.

M. TURCARET, LISETTE.

LISETTE.

Madame m'a envoyé sçavoir, Monsieur, si vous étiez encore ici en affaire.

M. TURCARET.

Je n'en avois point, mon enfant; ce sont des bagatelles dont de pauvres diables de Commis s'embarrassent la tête, parce qu'ils ne sont pas faits pour les grandes choses.

SCENE X.

M. TURCARET, LISETTE, FRONTIN.

FRONTIN.

Je suis ravi, Monsieur, de vous trouver en conversation avec cette aimable personne : quelque intérêt que j'y prenne, je me garderai bien de troubler un si doux entretien.

COMEDIE

M. TURCARET.

Tu ne seras point de trop ; approche, Frontin, je te regarde comme un homme tout à moi, & je veux que tu m'aides à gagner l'amitié de cette fille-là.

LISETTE.

Cela ne sera point difficile.

FRONTIN.

Oh pour cela non. Je ne sçai pas, Monsieur, sous quelle heureuse étoile vous êtes né, mais tout le monde a naturellement un grand foible pour vous.

M. TURCARET.

Cela ne vient point de l'étoile, cela vient des manieres.

LISETTE.

Vous les avez si belles, si prévenantes.....

M. TURCARET.

Comment le sçais-tu ?

LISETTE.

Depuis le peu de tems que je suis ici,

je n'entens dire autre chose à Madame la Barone.

M. TURCARET.

Tout de bon ?

FRONTIN.

Cette femme-là ne sçauroit cacher sa foiblesse ; elle vous aime si tendrement.... Demandez, demandez à Lisette.

LISETTE.

Oh c'est vous qu'il en faut croire, Monsieur Frontin.

FRONTIN.

Il est vrai, mais je suis fâché qu'il ne réponde pas assez à l'amour que Madame la Barone a pour lui.

M. TURCARET.

Je n'y réponds pas !

FRONTIN.

Non, Monsieur, je t'en fais juge, Lisette : Monsieur, avec tout son esprit fait des fautes d'attention.

M. TURCARET.

Qu'appelles-tu donc des fautes d'attention ?

COMEDIE.

FRONTIN.

Par exemple, n'est-ce pas une chose honteuse que vous n'ayez pas encore songé à lui faire présent d'un équipage ?

LISETTE.

Ah pour cela, Monsieur, il a raison : vos commis en donnent bien à leurs maîtresses.

M. TURCARET.

A quoi bon un équipage ? n'a-t-elle pas le mien dont elle dispose quand il lui plaît ?

FRONTIN.

Oh, Monsieur, avoir un carosse à soi, ou être obligé d'emprunter ceux de ses amis, cela est bien différent.

LISETTE.

Vous êtes trop dans le monde pour ne le pas connoître : la plûpart des femmes sont plus sensibles à la vanité d'avoir un équipage, qu'au plaisir même de s'en servir.

M. TURCARET.

Oui, je comprens cela.

FRONTIN.

Cette fille là, Monsieur, est de fort bon sens ; elle ne parle pas mal au moins.

M. TURCARET.

Je ne te trouve pas si sot non plus que je t'ai crû d'abord, toi, Frontin.

FRONTIN.

Depuis que j'ai l'honneur d'être à votre service, je sens de moment en moment que l'esprit me vient ; oh je prévois que je profiterai beaucoup avec vous.

M. TURCARET.

Il ne tiendra qu'à toi.

FRONTIN.

Je vous proteste, Monsieur, que je ne manque pas de bonne volonté. Je donnerois donc à Madame la Barone un bon grand carosse bien étoffé.

M. TURCARET.

Elle en aura un! Vos réflexions sont justes, elles me déterminent.

FRONTIN.

Je sçavois bien que ce n'étoit qu'une faute d'attention.

COMEDIE. 301

M. TURCARET.

Sans doute : & pour marque de cela je vais de ce pas commander un carosse.

FRONTIN.

Fi donc, Monsieur, il ne faut pas que vous paroissiez là-dedans vous; il ne seroit pas honnête que l'on sçut dans le monde que vous donnez un carosse à Madame la Barone. Servez-vous d'un tiers, d'une main étrangere, mais fidelle : je connois deux ou trois selliers qui ne sçavent point encore que je suis à vous; si vous, voulez je me chargerai du soin...

M. TURCARET.

Volontiers; tu me parois assez entendu, je m'en rapporte à toi : voilà soixante pistoles que j'ai de reste dans ma bourse, tu les donneras à compte.

FRONTIN.

Je n'y manquerai pas, Monsieur; à l'égard des chevaux, j'ai un maître maquignon qui est mon neveu à la mode de Bretagne; il vous en fournira de fort beaux.

M. TURCARET.
Qu'il me vendra bien cher, n'est-ce pas?

FRONTIN.
Non, Monsieur, il vous les vendra en conscience.

M. TURCARET.
La conscience d'un maquignon!

FRONTIN.
Oh, je vous en répons, comme de la mienne.

M. TURCARET.
Sur ce pied-là, je me servirai de lui.

FRONTIN.
Autre faute d'attention.

M. TURCARET.
Oh va te promener avec tes fautes d'attention : ce coquin-là me ruineroit à la fin. Tu diras de ma part à Madame la Barone qu'une affaire qui sera bientôt terminée m'appelle au logis.

SCENE XI.
FRONTIN, LISETTE.

FRONTIN.

Cela ne commence pas mal.

LISETTE.

Non pour Madame la Barone; mais pour nous?

FRONTIN.

Voilà déja soixante pistoles que nous pouvons garder : je les gagnerai bien sur l'équipage ; serre-les ; ce sont les premiers fondemens de notre communauté.

LISETTE.

Oui ; mais il faut promptement bâtir sur ces fondemens-là ; car je fais des réflexions morales, je t'en avertis.

FRONTIN.

Peut-on les sçavoir?

LISETTE.

Je m'ennuye d'être soubrette.

FRONTIN.

Comment diable ; tu deviens ambitieuſe.

LISETTE.

Oui, mon enfant, il faut que l'air qu'on reſpire dans une maiſon fréquentée par un Financier, ſoit contraire à la modeſtie ; car depuis le peu de tems que j'y ſuis, il me vient des idées de grandeur que je n'ai jamais eûes : hâte-toi d'amaſſer du bien ; autrement quelque engagement que nous ayons enſemble, le premier riche faquin qui ſe préſentera pour m'épouſer.....

FRONTIN.

Mais donne-moi donc le tems de m'enrichir.

LISETTE.

Je te donne trois ans ; c'eſt aſſez pour un homme d'eſprit.

FRONTIN.

Je ne t'en demande pas davantage : c'eſt aſſez, ma princeſſe, je vais ne rien épargner pour vous mériter ; & ſi je manque d'y réuſſir, ce ne ſera pas faute d'attention.

SCENE XII

SCENE XII.

LISETTE seule.

JE ne sçaurois m'empêcher d'aimer ce Frontin, c'est mon Chevalier à à moi; & au train que je l'y vois prendre, j'ai un secret pressentiment qu'avec ce garçon je deviendrai quelque jour femme de qualité.

Fin du troisième Acte.

ACTE QUATRIEME.

SCENE PREMIERE.

LE CHEVALIER, FRONTIN.

LE CHEVALIER.

QUE fais-tu ici! ne m'avois tu pas dit que tu retournerois chez ton Agent de change? est-ce que tu ne l'aurois pas encore trouvé au logis?

FRONTIN.

Pardonnez-moi, Monsieur; mais il n'étoit pas en fonds; il n'avoit pas chez lui toute la somme; il m'a dit de retourner ce soir. Je vais vous rendre le billet, si vous voulez.

LE CHEVALIER.

Hé garde-le; que veux-tu que j'en fasse? La Barone est là-dedans, que fait-elle?

FRONTIN.

Elle s'entretient avec Lisette d'un carosse que je vais ordonner pour elle, & d'une certaine maison de campagne qui lui plaît, & qu'elle veut louer en attendant que je lui en fasse faire l'acquisition.

LE CHEVALIER.

Un Carosse, une maison de campagne : quelle folie !

FRONTIN.

Oüi, mais tout cela se doit faire aux dépens de Monsieur Turcaret. Quelle sagesse !

LE CHEVALIER.

Cela change la thèse.

FRONTIN.

Il n'y a qu'une chose qui l'embarassoit.

LE CHEVALIER.

Hé quoi?

FRONTIN.

Une petite bagatelle.

LE CHEVALIER.

Dis-moi donc ce que c'est.

FRONTIN.

Il faut meubler cette maison de campagne; elle ne sçavoit comment engager à cela Monsieur Turcaret; mais le génie supérieur qu'elle a placé auprès de lui, s'est chargé de ce soin-là.

LE CHEVALIER.

De quelle maniere t'y prendras-tu?

FRONTIN.

Je vais chercher un vieux coquin de ma connoissance qui nous aidera à tirer dix mille francs dont nous avons besoin pour nous meubler.

LE CHEVALIER.

As-tu bien fait attention à ton stratagême?

FRONTIN.

Oh qu'oüi, Monsieur, c'est mon fort que l'attention ; j'ai tout cela dans ma tête, ne vous mettez pas en peine ; un petit Acte supposé... un faux Exploit...

LE CHEVALIER.

Mais prens-y garde, Frontin, Monsieur Turcaret sçait les affaires.

FRONTIN.

Mon vieux coquin les sçait encore mieux que lui : c'est le plus habile, le plus intelligent écrivain....

LE CHEVALIER.

C'est une autre chose.

FRONTIN.

Il a presque toujours eu son logement dans les Maisons du Roi, à cause de ses écritures.

LE CHEVALIER.

Je n'ai plus rien à te dire.

COMEDIE. 309
FRONTIN.

Je sçais où le trouver à coup sûr, & nos machines seront bientôt prêtes : adieu, voilà Monsieur le Marquis qui vous cherche.

SCENE II.

LE CHEVALIER, LE MARQUIS.

LE MARQUIS.

AH palsanbleu, Chevalier, tu deviens bien rare, on ne se trouve nulle part ; il y a vingt-quatre heures que je te cherche pour te consulter sur une affaire de cœur.

LE CHEVALIER.

Hé depuis quand te mêles-tu de ces sortes d'affaires, toi ?

LE MARQUIS.

Depuis trois ou quatre jours.

LE CHEVALIER.

Et tu m'en fais aujourd'hui la premiere confidence ! Tu deviens bien discret.

LE MARQUIS.

Je me donne au diable si j'y ai songé. Une affaire de cœur ne me tient au cœur que très foiblement comme tu sçais. C'est une conquête que j'ai faite par hazard, que je conserve par amusement, & dont je me déferai par caprice, ou par raison peut-être.

LE CHEVALIER.

Voilà un bel attachement.

LE MARQUIS.

Il ne faut pas que les plaisirs de la vie nous occupent trop sérieusement. Je ne m'embarrasse de rien, moi; elle m'avoit donné son portrait, je l'ai perdu; un autre s'en pendroit, je m'en soucie comme de cela.

LE CHEVALIER.

Avec de pareils sentimens tu dois te faire adorer. Mais, dis-moi un peu, qu'est-ce que c'est que cette femme-là?

LE MARQUIS.

C'est une femme de qualité, une Comtesse de Province; car elle me l'a dit.

COMÉDIE.

LE CHEVALIER.

Hé quel tems as-tu pris pour faire cette conquête-là ? Tu dors tout le jour, & bois toute la nuit ordinairement.

LE MARQUIS.

Oh non pas, non pas, s'il vous plaît ; dans ce tems-ci, il y a des heures de bal. C'est-là qu'on trouve de bonnes occasions.

LE CHEVALIER.

C'est-à-dire, que c'est une connoissance de bal.

LE MARQUIS.

Justement, j'y allai l'autre jour un peu chaud de vin ; j'étois en pointe, j'agaçois les jolis masques. J'apperçois une taille, un air de gorge, une tournure de hanches, j'aborde, je prie, je presse, j'obtiens qu'on se démasque ; je vois une personne…

LE CHEVALIER.

Jeune sans doute ?

LE MARQUIS.

Non, assez vieille.

LE CHEVALIER.

Mais belle encore & des plus agréables.

LE MARQUIS.

Pas trop belle.

LE CHEVALIER.

L'amour, à ce que je vois, ne t'aveugle pas.

LE MARQUIS.

Je rends justice à l'objet aimé.

LE CHEVALIER.

Elle a donc de l'esprit.

LE MARQUIS.

Ah pour de l'esprit, c'est un prodige. Quel flux de pensées ! Quelle imagination ! Elle me dit cent extravagances qui me charmerent.

LE CHEVALIER.

Quel fut le résultat de la conversation ?

LE MARQUIS.

Le résultat ? Je la remenai chez elle
avec

COMEDIE.

avec sa compagnie; je lui offris mes services, & la vieille folle les accepta.

LE CHEVALIER.

Tu l'as revûë depuis?

LE MARQUIS.

Le lendemain au soir dès que je fus levé, je me rendis à son Hôtel.

LE CHEVALIER.

Hôtel garni apparemment?

LE MARQUIS.

Oüi, Hôtel garni.

LE CHEVALIER.

Hé bien?

LE MARQUIS

Hé bien : autre vivacité de conversation, nouvelles folies; tendres protestations de ma part, vives reparties de la sienne. Elle me donna ce maudit portrait que j'ai perdu avant hier. Je ne l'ai pas revûë depuis. Elle m'a écrit, je lui ai fait réponse; elle m'attend aujourd'hui : mais je ne sçai ce que je dois faire. Irai-je ou n'irai-je pas?

Tome II.   D d

Que me conseilles-tu ? C'est pour cela que je te cherche.

Le Chevalier.

Si tu n'y vas pas, cela sera malhonnête.

Le Marquis.

Oüi : mais si j'y vais aussi, cela paroîtra bien empressé ; la conjoncture est délicate. Marquer tant d'empressement, c'est courir après une femme ; cela est bien Bourgeois, qu'en dis-tu ?

Le Chevalier.

Pour te donner conseil là-dessus, il faudroit connoître cette personne-là.

Le Marquis.

Il faut te la faire connoître, Je veux te donner ce soir à souper chez elle avec la Barone.

Le Chevalier.

Cela ne se peut pas pour ce soir ; car je donne à souper ici.

Le Marquis.

A souper ici ! je t'amene ma conquête.

COMEDIE. 315

LE CHEVALIER.

Mais la Barone...

LE MARQUIS.

Oh, la Barone s'accommodera fort de cette femme-là : il est bon même qu'elles fassent connoissance, nous ferons quelquefois de petites parties quarrées.

LE CHEVALIER.

Mais ta Comtesse ne fera-t-elle pas difficulté de venir avec toi tête à tête dans une maison...

LE MARQUIS.

Des difficultés! Oh ma Comtesse n'est point difficultueuse ; c'est une personne qui sçait vivre, une femme revenuë des préjugés de l'éducation.

LE CHEVALIER.

Hé bien amene-là, tu nous feras plaisir.

LE MARQUIS.

Tu en seras charmé, toi. Les jolies manieres! Tu verras une femme vive, pétulante, distraite, étourdie, dissipée, & toûjours barbouillée de tabac :

on ne la prendroit pas pour une femme de Province.

LE CHEVALIER.

Tu en fais un beau portrait ; nous verrons si tu n'es pas un peintre flatteur.

LE MARQUIS.

Je vais la chercher. Sans adieu, Chevalier.

LE CHEVALIER.

Serviteur, Marquis.

SCENE III.

LE CHEVALIER seul.

Cette charmante conquête du Marquis est apparemment une Comtesse comme celle que j'ai sacrifiée à la Barone.

SCENE IV.

LE CHEVALIER, LA BARONE.

LA BARONE.

Que faites-vous donc là seul, Chevalier ? Je croyois que le Marquis étoit avec vous.

LE CHEVALIER *riant*.

Il sort dans le moment, Madame. ah, ah, ah.

LA BARONE.

De quoi riez-vous donc ?

LE CHEVALIER.

Ce fou de Marquis est amoureux d'une femme de Province, d'une Comtesse qui loge en chambre garnie ; il est allé la prendre chez elle, pour l'amener ici : nous en aurons le divertissement.

LA BARONE.

Mais dites-moi, Chevalier, les avez-vous priés à souper ?

LE CHEVALIER.

Oüi, Madame, augmentation de convives, surcroît de plaisir : il faut amuser Monsieur Turcaret, le dissiper.

LA BARONE.

La présence du Marquis le divertira mal : vous ne sçavez pas qu'ils se connoissent, ils ne s'aiment point ; il s'est passé tantôt entr'eux un scene ici…

LE CHEVALIER.

Le plaisir de la table racommode tout. Ils ne sont peut-être pas si mal ensemble qu'il soit impossible de les réconcilier : je me charge de cela, reposez-vous sur moi ; Monsieur Turcaret est un bon sot…

LA BARONE.

Taisez-vous, je crois que le voici : je crains qu'il ne vous ait entendu.

COMEDIE.

SCENE V.

LA BARONE, LE CHEVALIER. M. TURCARET.

LE CHEVALIER *l'embraſſant.*

MOnſieur Turcaret veut bien permettre qu'on l'embraſſe, & qu'on lui témoigne la vivacité du plaiſir qu'on aura tantôt à ſe trouver avec lui le verre à la main.

M. TURCARET.

Le plaiſir de cette vivacité-là... Monſieur, ſera... bien réciproque : l'honneur que je reçois d'une part... joint à... la ſatisfaction que... l'on trouve de l'autre... avec Madame, fait en vérité que... je vous aſſure... que... je ſuis fort aiſe de cette partie-là.

LA BARONE.

Vous allez, Monſieur, vous engager dans des complimens qui embarraſſeront auſſi Monſieur le Chevalier ; & vous ne finirez ni l'un ni l'autre.

LE CHEVALIER.

Ma cousine a raison ; supprimons la cérémonie, & ne songeons qu'à nous réjouir : vous aimez la musique ?

M. TURCARET.

Si je l'aime ? malepeste, je suis abonné à l'Opera.

LE CHEVALIER.

C'est la passion dominante des gens du beau monde.

M. TURCARET.

C'est la mienne.

LE CHEVALIER.

La musique remuë les passions.

M. TURCARET.

Terriblement ; une belle voix soutenuë d'une trompette, cela jette dans une douce rêverie.

LE CHEVALIER.

Oui vraiment ? que je suis un grand sot de n'avoir pas songé à cet instrument-là ! oh parbleu, puisque vous êtes dans le goût des trompettes, je vais moi-même donner ordre…

COMEDIE.

M. TURCARET *l'arrêtant toûjours.*

Je ne souffrirai point cela, Monsieur le Chevalier, je ne prétends point que pour une trompette...

LA BARONE.

Bas à Monsieur Turcaret... Laissez-le aller, Monsieur. *Le Chevalier s'en va... haut...* Et quand nous pouvons être seuls quelques momens ensemble, épargnons-nous autant qu'il nous sera possible, la présence des importuns.

M. TURCARET.

Vous m'aimez plus que je ne mérite, Madame.

LA BARONE.

Qui ne vous aimeroit pas ? Mon cousin le Chevalier lui-même a toûjours eu un attachement pour vous...

M. TURCARET.

Je lui suis bien obligé.

LA BARONE.

Une attention pour tout ce qui peut vous plaire.

M. TURCARET.
Il me paroît fort bon garçon.

SCENE VI.

LA BARONE, M. TURCARET, LISETTE.

LA BARONE

Qu'y a-t-il, Lisette?

LISETTE.

Un homme vêtu de gris noir avec un rabat sale & une vieille perruque... *bas*... Ce sont les meubles de la maison de campagne.

LA BARONE.

Qu'on fasse entrer...

SCENE VII.

LA BARONE, M. TURCARET,
LISETTE, FRONTIN,
M. FURET.

M. Furet.

QUi de vous deux, Mesdames, est la Maîtresse de céans?

LA BARONE.

C'est moi, que voulez-vous?

M. Furet.

Je ne répondrai point, qu'au préalable je ne me sois donné l'honneur de vous saluer vous, Madame, & toute l'honorable compagnie, avec tout le respect dû & requis.

M. Turcaret.

Voilà un plaisant original.

Lisette.

Sans tant de façons, Monsieur, dites-nous au préalable qui vous êtes.

M. FURET.

Je suis Huissier à verge, à votre service ; & je me nomme Monsieur Furet.

LA BARONE.

Chez moi un Huissier !

FRONTIN.

Cela est bien insolent.

M. TURCARET.

Voulez-vous, Madame, que je jette ce drôle-là par les fenêtres ? Ce n'est pas le premier coquin que....

M. FURET.

Tout beau, Monsieur, d'honnêtes Huissiers comme moi ne sont point exposés à de pareilles avantures : j'exerce mon petit ministere d'une façon si obligeante que toutes les personnes de qualité se font un plaisir de recevoir un Exploit de ma main : en voici un que j'aurai s'il vous plaît, l'honneur, avec votre permission, Monsieur, que j'aurai l'honneur de présenter respectueusement à Madame, sous votre bon plaisir, Monsieur.

COMEDIE.

LA BARONE.

Un Exploit à moi, voyez ce que c'est, Lisette.

LISETTE.

Moi, Madame, je n'y connois rien; je ne sçais lire que des billets doux : regarde, toi, Frontin.

FRONTIN.

Je n'entends pas encore les affaires.

M. FURET.

C'est pour une obligation que défunt Mr. le Baron de Porcandorf votre époux...

LA BARONE.

Feu mon époux, Monsieur ; cela ne me regarde point, j'ai renoncé à la communauté.

M. TURCARET.

Sur ce pied-là, on n'a rien à vous demander.

M. FURET.

Pardonnez-moi, Monsieur, l'Acte étant signé par Madame...

M. TURCARET.

L'Acte est donc solidaire?

M. FURET.

Oüi, Monsieur, très-solidaire, & même avec déclaration d'emploi : je vais vous en lire les termes ; ils sont énoncés dans l'Exploit.

M. TURCARET.

Voyons si l'Acte est en bonne forme,

M. FURET *après avoir mis des Lunettes.*

Pardevant, &c. furent présens en leurs personnes, haut & puissant Seigneur Georges-Guillaume de Porcandorf, & Dame Agnès Ildegonde de la Dolinvilliere son épouse, de lui dûëment autorisée à l'effet des Présentes, lesquels ont reconnu devoir à Eloy-Jerôme Poussif, Marchand de Chevaux, la somme de dix mille livres...

LA BARONE.

De dix mille livres?

LISETTE.

La maudite obligation!

M. Furet,

Pour un équipage fourni par ledit Pouffif, confiftant en douze Mulets, quinze Chevaux Normans, fous poil roux, & trois Bardeaux d'Auvergne, ayant tous crin, queuës, & oreilles, & garnis de leurs bâts, felles, brides & licols.

Lisette.

Brides & licols ! Eft-ce à une femme de payer ces fortes de nippes-là ?

M. Turcaret.

Ne l'interrompons point : achevez, mon ami.

M. Furet.

Au payement defquelles dix mille livres, lefdits débiteurs ont obligé, affecté & hypotéqué généralement tous leurs biens préfens & à venir, fans divifion ni difcuffion, renonçant aufdits droits ; & pour l'exécution des Préfentes ont élû domicile chez Innocent Blaife le Jufte, ancien Procureur au Châtelet, demeurant ruë du Bout du monde. Fait & paffé, &c.

FRONTIN à M. Turcaret.

L'Acte est-il en bonne forme, Monsieur?

M. TURCARET.

Je n'y trouve rien à redire que la somme.

M. FURET.

Que la somme, Monsieur! oh il n'y a rien à redire à la somme, elle est fort bien énoncée.

M. TURCARET.

Cela est chagrinant.

LA BARONE.

Comment chagrinant? Est-ce qu'il faudra qu'il m'en coûte sérieusement dix mille livres pour avoir signé?

LISETTE.

Voilà ce que c'est que d'avoir trop de complaisance pour un mari! Les femmes ne se corrigeront-elles jamais de ce défaut-là?

LA BARONE.

Quelle injustice! N'y a-t-il pas moyen

moyen de revenir contre cet Acte-là, Monsieur Turcaret ?

M. TURCARET.

Je n'y vois point d'apparence. Si dans l'Acte vous n'aviez pas expressément renoncé aux droits de division & de discussion, nous pourrions chicanner ledit Poussif.

LA BARONE.

Il faut donc se résoudre à payer, puisque vous m'y condamnez, Monsieur ; je n'appelle point de vos décisions.

FRONTIN à M. Turcaret.

Quelle déférence on a pour vos sentimens.

LA BARONE.

Cela m'incommodera un peu ; cela dérangera la destination que j'avois faite de certain billet au porteur que vous sçavez.

LISETTE.

Il n'importe, payons, Madame, ne soutenons point un Procès contre l'avis de Monsieur Turcaret.

LA BARONE.

Le Ciel m'en préserve ; je vendrois plûtôt mes bijoux & mes meubles.

FRONTIN.

Vendre ses meubles, ses bijoux ; & pour l'équipage d'un mari encore ; la pauvre femme !

M. TURCARET.

Non, Madame, vous ne vendrez rien, je me charge de cette dette-là, j'en fais mon affaire.

LA BARONE.

Vous vous mocquez ; je me servirai de ce billet, vous dis-je.

M. TURCARET.

Il faut le garder pour un autre usage.

LA BARONE.

Non, Monsieur, non ; la noblesse de votre procédé m'embarrasse plus que l'affaire même.

M. TURCARET.

N'en parlons plus, Madame, je vais tout de ce pas y mettre ordre.

COMEDIE.

FRONTIN.

La belle ame!.. Suis-nous, Sergent, on va te payer.

LA BARONE.

Ne tardez pas au moins, songez que l'on vous attend.

M. TURCARET.

J'aurai promptement terminé cela, & puis je reviendrai des affaires aux plaisirs.

SCENE VIII.

LA BARONE, LISETTE

LISETTE.

ET nous vous renvoyerons des plaisirs aux affaires, sur ma parole. Les habiles fripons, que Messieurs Furet & Frontin, & la bonne dupe que M. Turcaret.

LA BARONE.

Il me paroît qu'il l'est trop, Liette.

E e ij

LISETTE.

Effectivement on n'a point assez de mérite à le faire donner dans le panneau.

LA BARONE.

Sçais-tu bien que je commence à le plaindre ?

LISETTE.

Mort de ma vie, point de pitié indiscrette : ne plaignons point un homme qui ne plaint personne.

LA BARONE.

Je sens naître malgré moi des scrupules.

LISETTE.

Il faut les étouffer.

LA BARONE.

J'ai peine à les vaincre.

LISETTE.

Il n'est pas encore tems d'en avoir ; & il vaut mieux sentir quelque jour des remords pour avoir ruiné un homme d'affaires, que le regret d'en avoir manqué l'occasion.

SCENE IX.

LA BARONE, LISETT JASMIN.

JASMIN.

C'Est de la part de Madame Dorimene.

LA BARONE.

Faites entrer.... Elle m'envoye peut-être proposer une partie de plaisir : mais...

SCENE X.

LA BARONE, LISETTE. Mᶜ. JACOB.

Mᶜ. JACOB.

JE vous demande pardon, Madame, de la liberté que je prends. Je revends à la toilette, & me nomme Madame Jacob : j'ai l'honneur de vendre quelquefois des dentelles & toutes sortes de pommades à Madame Dorimene. Je viens de l'avertir que j'aurai tantôt un bon hazard : mais elle n'est point en argent, & elle m'a dit que vous pourriez vous en accommoder.

LA BARONE.

Qu'est-ce que c'est ?

Me. JACOB.

Une garniture de quinze cens livres, que veut revendre une Procureuse : elle ne l'a mise que deux fois.

LA BARONE.

Je ne serois pas fâchée de voir cette coëffure.

Me. JACOB.

Je vous l'apporterai dès que je l'aurai, Madame, je vous en ferai avoir bon marché.

LISETTE.

Vous n'y perdrez pas, Madame est généreuse.

Me. JACOB.

Ce n'est pas l'intérêt qui me gou-

COMEDIE. 335

verne, & j'ai Dieu merci d'autres talens que de revendre à la toilette.

LA BARONE.

J'en suis persuadée.

LISETTE.

Vous en avez bien la mine.

Me. JACOB.

Hé vraiment si je n'avois pas d'autre ressource, comment pourrois-je élever mes enfans aussi honnêtement que je fais ? J'ai mon mari à la verité : mais il ne sert qu'à grossir ma famille, ns m'aider à l'entretenir.

LISETTE.

Il y a bien des maris qui font tout le contraire.

LA BARONE.

Hé que faites-vous donc, Madame Jacob, pour fournir ainsi toute seule aux dépenses de votre famille ?

Me JACOB.

Je fais des mariages, ma bonne Dame a il est vrai que ce sont des mariages légitimes, ils ne produifent pas tant que les autres : mais voyez-vous, je ne veux rien avoir à me reprocher.

LISETTE.

C'eſt fort bien fait.

Mr JACOB.

Si Madame étoit dans le goût de ſe marier, j'ai en main le plus excellent ſujet.

LA BARONE.

Pour moi, Madame Jacob.

Mr JACOB.

C'eſt un Gentilhomme Limouſin; la bonne pâte de mari; il ſe laiſſera mener par une femme, comme un Pariſien.

LISETTE.

Voilà encore un bon hazard, Madame.

LA BARONE.

Je ne me ſens point en diſpoſition d'en profiter; je ne veux pas ſi-tôt me marier, je ne ſuis point encore dégoûtée du monde.

LISETTE

COMEDIE.

LISETTE.

Oh bien, je le suis moi, Madame Jacob; mettez-moi sur vos tablettes.

Me JACOB.

J'ai votre affaire; c'est un gros Commis qui a déja quelque bien, mais peu de protection; il cherche une jolie femme pour s'en faire.

LISETTE.

Le bon parti, voilà mon fait.

LA BARONE.

Vous devez être riche, Madame Jacob.

Me JACOB.

Hélas, je devrois faire dans Paris une autre figure; je devrois rouler carosse, ma chere Dame, ayant un frere comme j'en ai un dans les affaires.

LA BARONE.

Vous avez un frere dans les affaires?

Me JACOB.

Et dans les grandes affaires encore; je suis sœur de Monsieur Turcaret:

puisqu'il faut vous le dire : il n'eſt pas que vous n'en ayez oüi parler.

LA BARONE *d'un air étonné.*

Vous êtes ſœur de Monſieur Turcaret !

Me. JACOB.

Oüi, Madame, je ſuis ſa ſœur de pere & de mere même.

LISETTE *d'un air étonné.*

Monſieur Turcaret eſt votre frere, Madame Jacob !

Me. JACOB.

Oüi, mon frere Mademoiſelle, mon propre frere, & je n'en ſuis pas plus grande Dame pour cela. Je vous vois toutes deux bien étonnées ; c'eſt ſans doute, à cauſe qu'il me laiſſe prendre toute la peine que je me donne.

LISETTE.

Hé oüi, c'eſt ce qui fait le ſujet de notre étonnement.

Me. JACOB.

Il fait bien pis, le dénaturé qu'il eſt ;

il m'a défendu l'entrée de sa maison, & il n'a pas le cœur d'employer mon époux.

LA BARONE.

Cela crie vengeance.

LISETTE.

Ah, le mauvais frere !

Me. JACOB.

Aussi mauvais frere, que mauvais mari : n'a-t-il pas chassé sa femme de chez lui ?

LA BARONE.

Quoi, Monsieur Turcaret n'est pas veuf ?

Me. JACOB.

Bon : il y a dix ans qu'il est séparé de sa femme, à qui il fait tenir une pension à Valogne, afin de l'empêcher de venir à Paris.

LA BARONE.

Lisette ?

LISETTE.

Par ma foi, Madame, voilà un méchant homme.

Mᵉ JACOB.

Oh, le Ciel le punira tôt ou tard, cela ne lui peut manquer ; & j'ai déjà ouï dire dans une maison qu'il y avoit du dérangement dans ses affaires.

LA BARONE.

Du dérangement dans ses affaires ?

Mᵉ JACOB.

Hé le moyen qu'il n'y en ait pas ; c'est un vieux fou qui a toujours aimé toutes les femmes, hors la sienne ; il jette tout par les fenêtres dès qu'il est amoureux ; c'est un panier percé.

LISETTE *bas*.

A qui le dit-elle ? Qui le sçait mieux que nous ?

Mᵉ JACOB.

Je ne sçai à qui il est attaché présentement ; mais il a toûjours quelque Demoiselle qui le plume, qui l'attrape ; & il s'imagine les attraper lui, parce qu'il leur promet de les épouser ; n'est-ce pas là un grand sot ? Qu'en dites-vous, Madame ?

COMEDIE.

La Barone *déconcertée.*
Oüi cela n'est pas tout-à-fait...

Me Jacob.

Oh que j'en suis aise ; il le mérite bien le malheureux ; il le mérite bien. Si je connoissois sa Maîtresse, j'irois lui conseiller de le piller, de le manger, de le ronger, de l'abîmer, n'en feriez-vous pas autant, Mademoiselle ?

Lisette.

Je n'y manquerois pas, Madame Jacob.

Me Jacob.

Je vous demande pardon de vous étourdir ainsi de mes chagrins ; mais quand il m'arrive d'y faire réflexion, je me sens si pénétrée, que je ne puis me taire. Adieu, Madame ; si-tôt que j'aurai la garniture, je ne manquerai pas de vous l'apporter.

La Barone.

Cela ne presse pas, Madame cela ne presse pas.

SCENE IX.

LA BARONE, LISETTE

LA BARONE.

HE bien Lisette.

LISETTE.

Hé bien, Madame?

LA BARONE.

Aurois-tu deviné que Monsieur Turcaret eût une sœur revendeuse à la toilette?

LISETTE.

Auriez-vous crû qu'il eût eu une vraie femme en Province?

LA BARONE.

Le traître! Il m'avoit assuré qu'il étoit veuf, & je le croyois de bonne foi.

LISETTE.

Ah le vieux fourbe... mais qu'est-ce donc que cela? Qu'avez-vous? Je vous vois toute chagrine ; merci de ma vie, vous prenez la chose aussi sérieusement que si vous étiez amoureuse de M. Turcaret.

LA BARONE.

Quoique je ne l'aime pas, puis-je perdre sans chagrin l'espérance de l'épouser ? Le scélérat ! il a une femme ; il faut que je rompe avec lui.

LISETTE.

Oüi, mais l'intérêt de votre fortune veut que vous le ruiniez auparavant : allons, Madame, pendant que nous le tenons, brusquons son coffre fort, saisissons ses billets, mettons M. Turcaret à feu & à sang, rendons-le enfin si misérable, qu'il puisse un jour faire pitié même à sa femme, & redevenir frere de Madame Jacob.

Fin du quatriéme Acte.

ACTE CINQUIEME.

SCENE PREMIERE.

LISETTE *seule*.

LA bonne maison que celle-ci pour Frontin & pour moi ! Nous avons déja soixante pistoles, & il nous en reviendra peut-être autant de l'Acte solidaire. Courage ; si nous gagnons souvent de ces petites sommes-là, nous en aurons à la fin une raisonnable.

SCENE II.

LA BARONE, LISETTE.

LA BARONE.

IL me semble que Monsieur Turcaret devroit bien être de retour, Lisette.

LISETTE.

Il faut qu'il lui soit survenu quelque nouvelle affaire..... Mais que nous veut ce Monsieur ?

SCENE III.

LA BARONE, LISETTE, FLAMAND.

LA BARONE.

POurquoi laisse-t-on entrer sans avertir ?

FLAMAND.

Il n'y a pas de mal à cela, Madame ; c'est moi.

LISETTE.

Hé, c'est Flamand, Madame! Flamand sans livrée! Flamand l'épée au côté! quelle métamorphose!

FLAMAND.

Doucement, Mademoiselle, doucement; on ne doit plus, s'il vous plaît m'appeller Flamand tout court. Je ne suis plus laquais de Monsieur Turcaret, non! il vient de me faire donner un bon emploi, oui! je suis présentement dans les affaires, da! & par ainsi il faut m'appeller Monsieur Flamand, entendez-vous?

LISETTE.

Vous avez raison, Monsieur Flamand; puisque vous êtes devenu Commis, on ne doit plus vous traiter comme un laquais.

FLAMAND.

C'est à Madame que j'en ai l'obligation, & je viens ici tout exprès pour la remercier: C'est une bonne Dame, qui a bien de la bonté pour moi de m'avoir fait bailler une bonne Commission, qui me vaudra bien cent bons écus par chacun an, & qui est dans un bon pays encore; car c'est à Falaise; qui est une si bonne ville, & où il y a, dit-on, de si bonnes gens.

LISETTE.

Il y a bien du bon dans tout cela, Monsieur Flamand.

FLAMAND.

Je suis Capitaine-Concierge de la porte de Guibrai ; j'aurai les clefs, & pourrai faire entrer & sortir tout ce qu'il me plaira : l'on m'a dit que c'étoit un bon droit que celui-là.

LISETTE.

Peste !

FLAMAND.

Oh, ce qu'il y a de meilleur, c'est que cet emploi-là porte bonheur à ceux qui l'ont ; car ils s'y enrichissent tretous. Monsieur Turcaret, a dit-on, commencé par-là.

LA BARONE.

Cela est bien glorieux pour vous, Monsieur Flamand, de marcher ainsi sur les pas de votre maître.

LISETTE.

Et nous vous exhortons pour votre

bien à être honnête homme comme lui.

FLAMAND.

Je vous envoyerai, Madame, de petits preſens de fois à autres.

LA BARONE.

Non, mon pauvre Flamand, je ne te demande rien.

FLAMAND.

Ho que ſi fait ; je ſçai bien comme les Commis en uſont avec les Demoiſelles qui les plaçont : mais tout ce que je crains, c'eſt d'être révoqué ; car dans les Commiſſions on eſt grandement ſujet à ça, voyez-vous.

LISETTE.

Cela eſt déſagréable.

FLAMAND.

Par exemple. Le Commis que l'on révoque aujourd'huy pour me mettre a ſa place, à eu cet emploi-là par le moyen d'une certaine Dame que Monſieur Turcaret a aimée, & qu'il n'aime plus. Prenez bien garde, Madame, de me faire révoquer auſſi.

COMEDIE. 349
LA BARONE.

J'y donnerai toute mon attention, Monsieur Flamand.

FLAMAND.

Je vous prie de plaire toujours à Monsieur Turcaret, Madame.

LA BARONE.

J'y ferai tout mon possible, puisque vous y êtes intéressé.

FLAMAND.

Mettez toujours de ce beau rouge pour lui donner dans la vûe.

LISETTE *repoussant Flamand.*

Allez Monsieur le Capitaine-Concierge, allez à votre porte de Guibrai. Nous sçavons ce que nous avons à faire, oui ; nous n'avons pas besoin de vos conseils, non : vous ne serez jamais qu'un sot ; c'est moi qui vous le dis, da, entendez-vous.

SCENE IV.

LA BARONE, LISETTE.

LA BARONE

Voilà le garçon le plus ingenu...

LISETTE.

Il y a pourtant longtems qu'il est laquais, il devroit bien être déniaisé.

SCENE V.

LA BARONE, LISETTE, JASMIN.

JASMIN.

C'est monsieur le Marquis avec une grosse & grande Madame...

LA BARONE.

C'est sa belle conquête; je suis curieuse de la voir.

LISETTE.

Je n'en ai pas moins d'envie que vous; je m'en fais une image,....

SCENE VII.

LA BARONE, LISETTE, LE MARQUIS, Mᵉ. TURCARET.

LE MARQUIS.

JE viens, ma charmante Barone, vous préſenter, une aimable Dame, la plus ſpirituelle, la plus galante, la plus amuſante perſonne..... Tant de bonnes qualités qui vous ſont communes doivent vous lier d'eſtime & d'amitié.

LA BARONE.

Je ſuis très-diſpoſée à cette union...,, *bas à Liſette...* C'eſt l'original du portrait que le Chevalier m'a ſacrifié.

Mᵉ. TURCARET.

Je crains, Madame, que vous ne perdiez bientôt ces bons ſentimens. Une perſonne du grand monde, du monde brillant, comme vous, trouvera peu d'agrémens dans le commerce d'une femme de province.

TURCARET.

LA BARONE.

Ah, vous n'avez point l'air provincial, Madame; & nos Dames le plus de mode n'ont pas de manieres plus agréables que les vôtres.

LE MARQUIS.

Ah palfambleu non ; je m'y connois Madame : & vous conviendrez avec moi en voyant cette taille & ce visage-là, que je suis le seigneur de France du meilleur goût.

Mᵉ. TURCARET.

Vous êtes trop poli, Monsieur le Marquis, ces flateries-là pourroient me convenir en province, où je brille assez sans vanité. J'y suis toujours à l'affut des modes ; on me les envoye toutes dès le moment qu'elles sont inventées, & je puis me vanter d'être la premiere qui ait porté des pretintailles dans la ville de Valogne.

LISETTE bas.

Quelle folle!

LA BARONE.

Il est beau de servir de modele à une ville comme celle-là.

M. TURCARET.

COMEDIE

Mᵉ. TURCARET.

Je l'ai mife fur un pied ! j'en ai fait un petit Paris par la belle jeuneffe que j'y attire.

LE MARQUIS.

Comment un petit Paris ! Sçavez-vous bien qu'il faut trois mois de Valogne pour achever un homme de Cour ?

Mᵉ. TURCARET.

Ho je ne vis pas comme une Dame de campagne, au moins ; je ne me tiens point enfermée dans un Château, je fuis trop faite pour la fociété : je demeure en ville, & j'ofe dire que ma maifon eft une école de politeffe & de galanterie pour les jeunes gens.

LISETTE.

C'eft une façon de College pour toute la Baffe-Normandie.

Mᵉ. TURCARET.

On joüe chez moi, on s'y raffemble pour médire, on y lit tous les ouvrages d'efprit qui fe font à Cherbourg, à S. Lo, à Coutance, & qui valent bien les ouvrages de Vire & de Caen. J'y donne auſſi quelquefois des fêtes galantes, des ſoupers-collations Nous avons des cuiſiniers qui ne ſçavent faire aucun ragoût, à la vérité : mais ils tirent les viandes ſi à propos, qu'un tour de broche de plus ou de moins elles ſeroient gâtées.

LE MARQUIS.

C'eſt l'eſſentiel de la bonne chere. Ma foi vive Valogne pour le rôti.

Mᵉ. TURCARET.

Et pour les bals, nous en donnons ſouvent. Que l'on s'y divertit ! cela eſt d'une propreté : les Dames de Valogne ſont les premieres Dames du monde pour ſçavoir l'art de ſe bien maſquer, & chacune a ſon déguiſement favori. Devinez quel eſt le mien.

LISETTE.

Madame ſe déguiſe en amour peut-être.

Mᵉ. TURCARET.

Oh pour cela non.

LA BARONE.

Vous vous mettez en Déeſſe, apparemment, en Grace ?

COMEDIE.

Mᵉ. TURCARET.

En Venus, ma chere, en Venus.

LE MARQUIS.

En Venus ! ah Madame, que vous êtes bien déguisée.

LISETTE *bas*.

On ne peut pas mieux.

SCENE VII.

LA BARONE, Mᵉ. TURCARET, LE MARQUIS, LISETTE, LE CHEVALIER.

LE CHEVALIER.

Madame, nous aurons tantôt le plus raviffant concert.... *appercevant Madame Turcaret.....* Mais que vois-je ?

Mᵉ. TURCARET.

O Ciel !

LA BARONE *bas à Lisette*.

Je m'en doutois bien.

LE CHEVALIER.

Eſt-ce là cette Dame dont tu m'as parlé, Marquis?

LE MARQUIS.

Oui, c'eſt ma Comteſſe : pourquoi cet étonnement?

LE CHEVALIER.

Ho parbleu, je ne m'attendois pas à celui-là.

Me. TURCARET, *bas.*

Quel contre tems !

LE MARQUIS.

Explique-toi, Chevalier ; eſt-ce que tu connoîtrois ma Comteſſe?

LE CHEVALIER.

Sans doute, il y a huit jours que je ſuis en liaiſon avec elle.

LE MARQUIS.

Qu'entens-je ? ah l'infidelle ! l'ingrate !

COMEDIE.

SCENE VIII.

LA BARONE, LE MARQUIS, LE CHEVALIER, Me TURCA-RET, LISETTE, Me JACOB.

Me JACOB.

Madame, je vous apporte la garniture que j'ai promis de vous faire voir.

LA BARONE.

Que vous prenez mal votre tems, Madame Jacob ; vous me voyez en compagnie.....

Me JACOB.

Je vous demande pardon, Madame, je reviendrai une autrefois..... Mais qu'est-ce que je vois ? ma belle sœur ici ! Madame Turcaret !

LE CHEVALIER.

Madame Turcaret !

LA BARONE.

Madame Turcaret !

Lisette.
Madame Turcaret!

Le Marquis.
Le plaisant incident!

Mᵉ Jacob.
Par quelle avanture, Madame, vous rencontrai-je en cette maison?

Mᵉ. Turcaret.
bas... Payons de hardieſſe. *haut*.. je ne vous connois pas ma bonne.

Mᵉ Jacob.
Vous reconnnoiſſez pas Madame Jacob! Tredame, eſt-ce à cauſe que depuis dix ans que vous êtes ſéparée de mon frere qui n'a pû vivre avec vous, que vous feignez de ne me pas connoître?

Le Marquis.
Vous n'y penſez pas, Madame Jacob: ſçavez-vous bien que vous parlez à une Comteſſe?

Mᵉ Jacob.
A une Comteſſe! he dans quel lieu s'il vous plaît, eſt ſa Comté? ha vraiment j'aime aſſez ces gros airs-là.

COMEDIE. 359
Mᶜ. Turcaret.

Vous êtes une infolente, ma mie.

Mᶜ. Jacob.

Une infolente, moi, je fuis une infolente! jour de Dieu, ne vous y jouez pas; s'il ne tient qu'à dire des injures, je m'en acquiterai auffi bien que vous.

Mᶜ. Turcaret.

Ho je n'en doute pas : la fille d'un Maréchal de Domfront ne doit point demeurer en refte de fottifes.

Mᶜ. Jacob.

La fille d'un Maréchal! pardi, voilà une Dame bien relevée pour venir me reprocher ma naiffance; vous avez apparemment oublié que Mr Briochais votre pere étoit Pâtiffier dans la ville de Falaife : allez, Madame la Comteffe, puifque Comteffe y a, nous nous connoiffons toutes deux : mon frere rira bien quand il fçaura que vous avez pris ce nom burlefque, pour venir vous requinquer à Paris; je voudrois par plaifir qu'il vînt ici tout à l'heure.

Le Chevalier.

Vous pourrez avoir ce plaifir-là;

Madame; nous attendons à souper M.
Turcaret.

Mc. TURCARET.

Ahi!

LE MARQUIS.

Et vous souperez aussi avec nous,
Madame Jacob; car j'aime les soupers
de famille.

Mc. TURCARET.

Je suis au désespoir d'avoir mis le
pied dans cette maison.

LISETTE.

Je le crois bien.

Mc. TURCARET.

J'en vais sortir tout à l'heure.

Elle veut sortir, le Marquis l'arrête.

LE MARQUIS.

Vous ne vous en irez pas, s'il vous
plaît, que vous n'ayez vû Monsieur
Turcaret.

Mc. TURCARET.

Ne me retenez point, Monsieur le
Marquis, ne me retenez point.

LE MARQUIS.

Oh! palsambleu, Mademoiselle Briochais,

chais, vous ne sortirez point, comptez là-dessus.

LE CHEVALIER.

Hé Marquis cesse de l'arrêter.

LE MARQUIS.

Je n'en ferai rien : pour la punir de nous avoir trompés tous deux, je la veux mettre aux prises avec son mari.

LA BARONE.

Non, Marquis, de grace, laissez-la sortir.

LE MARQUIS.

Priere inutile ; tout ce que je puis faire pour vous, Madame, c'est de lui permettre de se déguiser en Venus, afin que son mari ne la reconnoisse pas.

LISETTE.

Ah par ma foi, voici Monsieur Turcaret.

Mᶜ JACOB.

J'en suis ravie.

Mᶜ. TURCARET.

La malheureuse journée !

LA BARONE.

Pourquoi faut-il que cette scene se passe chez moi ?

LE MARQUIS.

Je suis au comble de ma joie.

SCENE IX.

LA BARONE, M^e. TURCARET, Me JACOB, LISETTE, LE MARQUIS, LE CHEVALIER, M. TURCARET.

M. TURCARET.

J'Ai renvoyé l'Huissier, Madame, & terminé.... *appercevant sa femme & sa sœur*..... Ahi, en croirai-je mes yeux ! ma sœur ici, & qui pis est, ma femme !

LE MARQUIS.

Vous voilà en pays de connoissance, Monsieur Turcaret ; vous voyez une belle Comtesse dont je porte les chaînes : vous voulez bien que je vous la présente, sans oublier Madame Jacob,

COMEDIE

Mc JACOB.
Ah mon frere!

M. TURCARET.
Ah ma sœur! qui diable les a amenés ici?

LE MARQUIS.
C'est moi, Monsieur Turcaret vous m'avez cette obligation là ; embrassez ces deux objets chéris : ah qu'il paroît ému ! j'admire la force du sang & de l'amour conjugal.

M. TURCARET, *bas.*
Je n'ose la regarder, je crois voir mon mauvais genie.

Mc. TURCARET *bas.*
Je ne puis l'envisager sans horreur.

LE MARQUIS.
Ne vous contraignez point, tendres époux ! laissez éclater toute la joie que vous devez sentir de vous revoir après dix années de séparation.

LA BARONE.
Vous ne vous attendiez pas, Monsieur, à rencontrer ici Madame Turcaret ; & je conçois bien l'embarras où

vous êtes : mais pourquoi m'avoir dit que vous étiez veuf ?

LE MARQUIS.

Il vous a dit qu'il étoit veuf ! hé parbleu sa femme m'a dit aussi qu'elle étoit veuve. Ils ont la rage tous deux de vouloir être veufs.

LA BARONE *à M. Turcaret.*

Parlez, pourquoi m'avez-vous trompée ?

M. TURCARET *tout interdit.*

J'ai cru, Madame,.... qu'en vous faisant accroire que.... je croyois être veuf.... vous croiriez que.... je n'aurois point de femme.... *bas....* j'ai l'esprit troublé, je ne sçai ce que je dis.

LA BARONE.

Je devine votre pensée, Monsieur, & je vous pardonne une tromperie que vous avez cru nécessaire pour vous faire écouter : je passerai même plus avant ; au lieu d'en venir aux reproches, je veux vous raccommoder avec Madame Turcaret.

M. TURCARET.

Qui, moi Madame ! ho pour cela

hon : vous ne la connoiſſez pas, c'eſt un démon ; j'aimerois mieux vivre avec la femme du grand Mogol.

Mc TURCARET.

Ho, Monſieur ne vous en défendez pas tant, je n'en ai pas plus d'envie que vous au moins ; & je ne viendrois point à Paris troubler vos plaiſirs, ſi vous étiez plus éxact à payer la penſion que vous me faites, pour me tenir en Province.

LE MARQUIS.

Pour la tenir en Province ! ah Monſieur Turcaret vous avez tort ; Madame mérite qu'on lui paye les quartiers d'avance.

Mc. TURCARET.

Il m'en eſt dû cinq ; s'il ne me les donne pas, je ne pars point, je demeure à Paris pour le faire enrager, j'irai chez ſes maîtreſſes faire un charivari ; & je commencerai par cette maiſon-ci, je vous en avertis.

M. TURCARET.

Ah l'inſolente !

LISETTE *bas.*

La converfation finira mal.

LA BARONE.

Vous m'infultez, Madame.

Mᵉ. TURCARET.

J'ai des yeux, dieu merci, j'ai des yeux, je vois bien tout ce qui fe paffe en cette maifon : mon mari eft la plus grande dupe...

M. TURCARET.

Quelle impudence ! ah ventrebleu coquine fans le refpect que jai pour la compagnie....

LE MARQUIS.

Qu'on ne vous gêne point, Monfieur Turcaret, vous êtes avec vos amis, ufez-en librement.

LE CHEVALIER *fe mettant au devant de M. Turcaret.*

Monfieur....

LA BARONE.

Songez que vous êtes chez moi.

SCENE X.

LA BARONE, M. TURCARET, Mᵉ TURCARET, Mᵉ JACOB, LISETTE, LE MARQUIS, LE CHEVALIER, JASMIN.

JASMIN à M. Turcaret.

IL y a dans un carosse qui vient de s'arrêter à la porte deux Gentilshommes qui se disent de vos associés ; ils veulent vous parler d'une affaire importante.

M. TURCARET.

Ah je vais revenir : je vous apprendrai, impudente, à respecter une maison....

Mᵉ. TURCARET.

Je crains peu vos menaces.

SCENE XI.

LA BARONE, Mᵉ TURCARET, Mᵉ JACOB, LISETTE, LE MARQUIS, LE CHEVALIER.

Le Chevalier.

Calmez votre esprit agité, Madame ; que Monsieur Turcaret vous retrouve adoucie.

Mᵉ. Turcaret.

Ho ! tous ses emportemens ne m'épouvantent point.

La Barone.

Nous allons l'appaiser en votre faveur.

Mᵉ. Turcaret.

Je vous entends, Madame ; vous voulez me reconcilier avec mon mari, afin que par reconnoissance, je souffre qu'il continue à vous rendre des soins.

La Barone.

La colere vous aveugle ; je n'ai pour objet que la réunion de vos cœurs, je vous abandonne Monsieur Turcaret, je ne veux le revoir de ma vie.

M^e. TURCARET.

Cela est trop généreux.

LE MARQUIS.

Puisque Madame renonce au mari, de mon côté je renonce à la femme : allons, renonces-y aussi, Chevalier. Il est beau de se vaincre soi-même.

SCENE XII.

LA BARONE, Me TURCARET, Me JACOB, LISETTE, LE MARQUIS, LE CHEVALIER, FRONTIN.

FRONTIN.

O Malheur imprévu ! ô disgrace cruelle !

LE CHEVALIER.

Qu'y a t'il, Frontin ?

FRONTIN.

Les associés de Monsieur Turcaret

ont mis garnison chez lui pour deux cens mille écus que leur emporte un Caissier qu'il a cautionné. Je venois ici en diligence pour l'avertir de se sauver ; mais je suis arrivé trop tard, ses créanciers se sont déja assurés de sa personne.

Me JACOB.

Mon frere entre les mains de ses créanciers ! Tout dénaturé qu'il est, je suis touchée de son malheur : je vais employer pour lui tout mon crédit, je sens que je suis sa sœur.

M^e. TURCARET.

Et moi je vais le chercher pour l'accabler d'injures ; je sens que je suis sa femme.

SCENE XIII.

LA BARONE, LE CHEVALIER, LE MARQUIS, FRONTIN, LISETTE.

FRONTIN.

NOus envisagions le plaisir de le ruiner : mais la Justice est jalouse de ce plaisir-là ; elle nous a prévenus.

LE MARQUIS.

Bon, bon, il a de l'argent de reste pour se tirer d'affaires.

FRONTIN.

J'en doute ; on dit qu'il a follement dissipé des biens immenses ; mais ce n'est pas ce qui m'embarrasse à present. Ce qui m'afflige, c'est que j'étois chez lui quand ses associés y sont venus mettre garnison.

LE CHEVALIER.

Hé bien,

FRONTIN.

Hé bien, Monsieur, ils m'ont aussi arrêté & fouillé, pour voir si par hazard je ne serois point chargé de quelque papier qui pût tourner au profit des créanciers. Ils se sont saisis, à telle fin que de raison du billet de Madame que vous m'aviez confié tantôt.

LE CHEVALIER.

Qu'entens-je, juste Ciel !

FRONTIN.

Ils m'en ont pris encore un autre de dix mille francs, que Monsieur Turcaret avoit donné pour l'acte solidaire, & que Monsieur Furet venoit de me remettre entre les mains.

LE CHEVALIER.

Hé pourquoi, maraud, n'as-tu pas dit que tu étois à moi ?

FRONTIN.

Ho vraiment, Monsieur, je n'y ai pas manqué ; j'ai dit que j'appartenois à un Chevalier ; mais quand ils ont vû les billets, ils n'ont pas voulu me croire.

COMEDIE. 373
LE CHEVALIER.

Je ne me possede plus, je suis au désespoir.

LA BARONE.

Et moi j'ouvre les yeux. Vous m'avez dit que vous aviez chez vous l'argent de mon billet : je vois par-là que mon brillant n'a point été mis en gages ; & je sçai ce que je dois penser du beau récit que Frontin m'a fait de votre fureur d'hier au soir. Ah Chevalier, je ne vous aurois pas crû capable d'un pareil procédé. J'ai chassé Marine à cause qu'elle n'étoit pas dans vos intérêts, & je chasse Lisette parce qu'elle y est. Adieu, je ne veux de ma vie entendre parler de vous.

SCENE XIV.

LE MARQUIS, LE CHEVALIER, FRONTIN, LISETTE.

LE MARQUIS *riant*.

AH, ah, ma foi, Chevalier, tu me fais rire, ta consternation me divertit, allons souper chez le traiteur, & passer la nuit à boire.

FRONTIN *au Chevalier*.

Vous suivrai-je, Monsieur ?

LE CHEVALIER *à Frontin*.

Non, je te donne ton congé ; ne t'offre jamais à mes yeux.

Le Marquis & le Chevalier sortent.

SCENE XV.
LISETTE, FRONTIN.

LISETTE.

Et nous, Frontin, quel parti prendrons-nous ?

FRONTIN.

J'en ai un à te proposer ; vive l'esprit, mon enfant, je viens de payer d'audace ; je n'ai point été fouillé.

LISETTE.

Tu as les billets ?

FRONTIN.

J'en ai déja touché l'argent, il est en sûreté ; j'ai quarante mille francs, Si ton ambition veut se borner à cette petite fortune, nous allons faire souche d'honnêtes-gens.

LISETTE.

J'y consens.

FRONTIN.

Voilà le regne de Monsieur Turcaret fini, le mien va commencer.

Fin du cinquiéme & dernier Acte.

CRITIQUE
DE LA COMEDIE DE TURCARET,
PAR LE DIABLE BOITEUX.

DIALOGUE.

ASMODE'E, D. CLEOFAS.

Asmode'e.

Puisque mon Magicien m'a remis en liberté, je vais vous faire parcourir tout le monde, & je prétends chaque jour offrir à vos yeux de nouveaux objets.

D. Cleofas.

Vous aviez bien raifon de me dire

que vous allez bon train, tout boiteux que vous êtes; comment diable, nous étions tout à l'heure à Madrid. Je n'ai fait que souhaiter d'être à Paris, & je m'y trouve. Ma foi, Seigneur Asmodée, c'est un plaisir de voyager avec vous.

ASMODE'E.

N'est-il pas vrai?

D. CLEOFAS,

Assûrément. Mais dites-moi, je vous prie, dans quel lieu vous m'avez transporté? Nous voici sur un théâtre, je vois des décorations, des loges, un parterre; il faut que nous soyons à la Comédie.

ASMODE'E.

Vous l'avez dit; & l'on va représenter tout à l'heure une piece nouvelle, dont j'ai voulu vous donner le divertissement. Nous pouvons sans crainte d'être vûs ni écoutés, nous entretenir en attendant qu'on commence.

D. CLEOFAS.

La belle assemblée! Que de Dames!

ASMODE'E.

Il y en auroit encore davantage, sans les spectacles de la Foire : la plûpart des femmes y courent avec fureur. Je suis ravi de les voir dans le gout de leurs laquais & de leurs cochers : c'est à cause de cela que je m'oppose au dessein des Comédiens. J'inspire tous les jours de nouvelles chicanes aux Bâteleurs. C'est moi qui leur ai fourni le Suisse.

D. CLEOFAS.

Que voulez-vous dire par votre Suisse ?

ASMODE'E.

Je vous expliquerai cela une autre fois ; ne soyons présentement occupés que de ce qui frappe nos yeux. Remarquez-vous combien on a de peine à trouver des places ? Sçavez-vous ce qui fait la foule ? C'est que c'est aujourd'hui la premiere représentation d'une Comédie, où l'on joue un homme d'affaires. Le public aime à rire aux dépens de ceux qui le font pleurer.

D. CLEOFAS.

C'est-à-dire que les gens d'affaires font tous des ...

ASMODÉE.

C'est ce qui vous trompe, il y a de fort honnêtes gens dans les affaires ; j'avoue qu'il n'y en a pas un très-grand nombre : mais il y en a qui, sans s'écarter des principes de l'honneur & de la probité, ont fait ou font actuellement leur chemin, & dont la Robe & l'épée ne dédaignent pas l'alliance. L'Auteur respecte ceux-là. Effectivement il auroit tort de les confondre avec les autres. Enfin il y a d'honnêtes gens dans toutes les professions. Je connois même des Commissaires & des Greffiers qui ont de la conscience.

D. CLEOFAS.

Sur ce pied-là cette Comédie n'offense point les honnêtes gens qui sont dans les affaires.

ASMODÉE.

Comme le Tartuffe que vous avez lû, offense les vrais dévots. Hé pourquoi les gens d'affaires s'offenseroient-ils de voir sur la scene un sot, un fripon de leur Corps! Cela ne tombe point sur le général. Ils seroient donc plus délicats que les Courtisans & les gens de Robe, qui voyent tous les jours avec plaisir représenter des Marquis fats & des Juges ignorans & corruptibles.

D. CLEOFAS.

Je suis curieux de sçavoir de quelle maniere la piéce sera reçuë : apprenez-le moi de grace par avance.

ASMODE'E.

Les Diables ne connoissent point l'avenir, je vous l'ai déja dit. Mais quand nous aurions cette connoissance, je crois que le succès des Comédies en seroit excepté, tant il est impénétrable.

D. CLEOFAS.

L'Auteur & les Comédiens se flattent sans doute qu'elle réussira.

ASMODE'E.

Pardonnez-moi. Les Comédiens n'en ont pas bonne opinion ; & leurs presséntimens, quoiqu'ils ne soient pas infaillibles, ne laissent pas d'effrayer l'Auteur qui s'est allé cacher aux troisiémes loges, où pour surcroit de chagrin, il vient d'arriver auprès de lui un Caissier & un Agent de change, qui disent avoir oüi parler de sa piéce, & qui la déchirent impitoyablement. Par bonheur pour lui, il est si sourd, qu'il n'entend pas la moitié de leurs paroles.

D. CLEOFAS.

Oh! je crois qu'il y a bien des Caissiers & des Agens de Change dans cette assemblée.

ASMODE'E.

Oüi; je vous assure; je ne vois partout que des cabales de Commis & d'Auteurs: que des sifleurs dispersés & prêts à se répondre.

D. CLEOFAS.

Mais l'Auteur n'a-t-il pas aussi ses partisans?

ASMODE'E.

Ho qu'oüi! Il a ici tous ses amis, avec les amis de ses amis. De plus, on a répandu dans le parterre quelques Grenadiers de Police pour tenir les Commis en respect : cependant avec tout cela je ne voudrois pas répondre de l'événement. Mais, taisons-nous, les Acteurs paroissent. Vous entendez assez le françois pour juger de la piéce : écoutons-la ; & aprèsque le Parterre en aura décidé, nous réformerons son jugemeut, ou nous le confirmerons.

Continuation du Dialogue.

ASMODE'E, D. CLEOFAS.

ASMODE'E.

HE bien, Seigneur, D. Cléofas, que pensez-vous de cette Comédie ? Elle vient de réussir en dépit des cabales : les ris sans cesse renaissans des personnes qui se sont livrées au spectacle, ont étouffé la voix des Commis & des Auteurs.

D. CLEOFAS.

Oüi, mais je crois qu'ils vont bien

se donner carriere présentement, & se dédommager du silence qu'ils ont été obligés de garder.

Asmodée.

N'en doutez point : les voilà déja qui forment des pelotons dans le Parterre, & qui répandent leur venin : j'apperçois entr'autres trois chefs de meutes, trois beaux esprits qui vont entraîner dans leur sentiment quelques petits génies qui les écoutent : mais je vois à leurs trousses deux amis de l'Auteur. Grande dispute ; on s'échauffe de part & d'autre. Les uns disent de la piéce plus de mal qu'ils n'en pensent, & les autres en pensent moins de bien qu'ils n'en disent.

D. Cleofas.

Hé quels défauts y trouvent les critiques ?

Asmodée.

Cent mille.

D. Cleofas.

Mais encore.

Asmodée.

ASMODE'E.

Ils difent que tous les perfonnages en font vicieux, & que l'Auteur a peint les mœurs de trop près.

D. CLEOFAS.

Ils n'ont parbleu pas tout le tort; les mœurs m'ont paru un peu gaillardes.

ASMODE'E.

Il eft vrai : j'en fuis affez content. La Barone tire fort fur votre Donna Thomafa. J'aime à voir dans les Comédies regner mes Héroïnes : mais je n'aime pas qu'on les puniffe au dénoüement ; cela me chagrine. Heureufement il y a bien des Piéces Françoifes où l'on m'épargne ce chagrin-là.

D. CLEOFAS.

Je vous entends. Vous n'approuvez pas que la Barone foit trompée dans fon attente, que le Chevalier perde toutes fes efpérances, & que Turcaret foit arrêté : vous voudriez qu'ils fuffent tous contens. Car enfin leur châtiment eft une leçon qui bleffe vos intérêts.

Asmodée.

J'en conviens : mais ce qui me console, c'est que Lisette & Frontin sont bien récompensés.

D. Cleofas.

La belle récompense ! Les bonnes dispositions de Frontin ne font-elle pas assez prévoir que son regne finira comme celui de Turcaret ?

Asmodée.

Vous êtes trop pénétrant. Venons au caractere de Turcaret ; qu'en dites-vous ?

D. Cleofas.

Je dis qu'il est manqué, si les gens d'affaires sont tels qu'on me les a dépeints. Les affaires ont des mysteres qui ne sont point ici développés.

Asmodée.

Au grand Satan ne plaise que ces mysteres se découvrent. L'Auteur m'a fait plaisir de montrer simplement l'usage que mes partisans font des richesses que je leur fais acquerir.

D. CLEOFAS.

Vos partisans sont donc bien différens de ceux qui ne le sont pas.

ASMODE'E.

Oüi vraiment. Il est aisé de reconnoître les miens : ils s'enrichissent par l'usure, qu'ils n'osent plus exercer que sous le nom d'autrui quand ils sont riches, ils prodiguent leurs richesses lorsqu'ils sont amoureux, & leurs amours finissent par la fuite ou par la prison.

D. CLEOFAS.

A ce que je vois, c'est un de vos amis que l'on vient de jouer. Mais dites-moi, Seigneur Asmodée, quel bruit est-ce que j'entends auprès de l'Orquestre ?

ASMODE'E.

C'est un Cavalier Espagnol, qui crie contre la sécheresse de l'intrigue.

D. CLEOFAS.

Cette remarque convient à un Espagnol. Nous ne sommes point accoûtumés, comme les François, à des piéces de caracteres lesquelles sont pour la plûpart fort foibles de ce côté-là.

ASMODE'E.

C'est en effet le défaut ordinaire de ces sortes de piéces : elles ne sont point assez chargées d'événemens. Les Auteurs veulent toute l'attention du Spectateur pour le caractere qu'ils dépeignent : & je suis de leur sentiment pourvû que d'ailleurs la piéce soit intéressante.

D. CLEOFAS.

Mais celle-ci ne l'est point.

ASMODE'E.

Hé c'est le plus grand défaut que j'y trouve. Elle seroit parfaite, si l'Auteur avoit sçu engager à aimer les personnages: mais il n'a pas eu assez d'esprit pour cela. Il s'est avisé mal-à-propos de rendre le vice haïssable. Personne n'aime la Barone, le Chevalier, ni Turcaret ; ce n'est pas là le moyen de faire réussir une Comédie.

D. CLEOFAS.

Elle n'a pas laissé de me divertir: j'ai

eu le plaisir de voir bien rire ; je n'ai remarqué qu'un homme & une femme qui ayent gardé leur sérieux : les voilà encore dans leur loge : qu'ils ont l'air chagrin ! ils ne paroissent gueres contens.

Asmode'e.

Il faut le leur pardonner : c'est un Turcaret avec sa Barone. En récompense on a bien ri dans la loge voisine : Ce sont des personnes de robe qui n'ont point de Turcaret dans leurs familles. Mais le monde acheve de s'écouler ; sortons : allons à la Foire voir de nouveaux visages.

D. Cleofas.

Je le veux : mais apprenez-moi auparavant qui est cette jolie femme, qui paroît aussi mal satisfaite.

Asmode'e.

C'est une Dame que les glaces & les porcelaines brisées par Turcaret, ont étrangement révoltée : je ne sçai si c'est à cause que la même scene s'est passée chez elle ce Carnaval.

Fin de la Critique.

APPROBATION.

J'AI lû par ordre de Monseigneur le Chancelier, le Recueil des Pieces mises au Théâtre François, par Monsieur le Sage. J'y ai trouvé le génie de la Nation Espagnole bien marqué ; & j'ai cru que la lecture de ces Comédies seroit agréable, surtout aux personnes qui aiment les Pieces d'intrigue. Fait à Paris le 18 Avril 1738.

MAUNOIR.

PRIVILEGE DU ROY.

LOUIS, PAR LA GRACE DE DIEU, ROI DE FRANCE ET DE NAVARRE : A nos amez & feaux Conseillers, les Gens tenans nos Cours de Parlement, Maîtres des Requêtes ordinaires de notre Hôtel, Grand-Conseil, Prevôt de Paris, Baillifs, Sénéchaux, leurs Lieutenans Civils & autres nos Justiciers, qu'il appartiendra : SALUT. Notre bien amé le sieur LE SAGE, Nous ayant fait remontrer qu'il souhaiteroit faire imprimer, & donner au Public *Le Recueil des Pieces mises au Théâtre François* par ledit sieur LE SAGE, s'il nous plaisoit lui accorder nos Lettres de Privilege sur ce nécessaires ; offrant pour cet effet de le faire imprimer en bon papier & beaux caracteres, suivant la feuille imprimée & attachée pour modele sous le contrescel des Presentes : A CES CAUSES, voulant favorablement traiter ledit sieur Exposant, Nous lui avons permis & permettons par ces Presentes, de faire imprimer ledit Recueil ci-dessus spécifié, en un ou plusieurs volumes conjointement ou séparément, & autant de fois que bon lui semblera, & de le faire vendre, & débiter par tout notre Royaume, pendant le tems de neuf années consécutives, à compter du jour de la date desdites Presentes : Faisons défenfes à toutes fortes de perfonnes de quelque qualité & condition qu'elles foient, d'en introduire d'impreffion étrangere dans aucun lieu de notre obéiffance: comme auffi à tous Libraires, Imprimeurs, & autres, d'imprimer, faire imprimer, vendre, faire vendre, débiter, ni contrefaire ledit Recueil ci-deffus expofé en tout ni en partie, ni d'en faire aucuns extraits fous quelque prétexte que ce foit, d'augmentation, correction, changement de titre ou autrement, fans la permiffion expreffe, & par écrit dudit fieur Expofant, ou de ceux qui auront droit de lui, à peine de confifcation des Exemplaires contrefaits, de trois mille livres d'amende contre chacun des contrevenans, dont un tiers à Nous, un tiers à l'Hôtel-Dieu de Paris, l'autre tiers audit Expofant, & de tous dépens dommages & intérêts; à la charge que ces Préfentes feront enregiftrées tout au long fur le Regiftre de la Communauté des Libraires & Imprimeurs de Paris, dans trois mois de la date d'icelles; que l'impreffion dudit Recueil fera faite dans notre Royaume, & non ailleurs; & que l'Impétrant fe conformera en tout aux Reglemens de la Librairie, & notamment à celui du 10. Avril 1725. & qu'avant que de l'expofer en vente, le Manufcrit ou Imprimé qui aura fervi de copie à l'impreffion dudit Recueil, fera remis dans le même état où l'Approbation y aura été donnée, ès mains de notre très-cher & feal Chevalier le fieur Dagueffeau Chancelier de France, Commandeur de nos Ordres; & qu'il en fera enfuite remis deux exemplaires dans notre Bibliotheque publique, un dans celle de notre très-cher & feal Chevalier le Sieur Dagueffeau, Chancelier de France, Commandeur de nos Ordres; le tout à peine de nullité des Prefentes: Du contenu defquelles vous mandons & enjoignons de faire joüir l'Expofant ou fes ayans caufes, pleinement & paifiblement, fans fouffrir qu'il leur foit fait aucun trouble ou empêchement. Voulons que la copie defdites Préfentes, qui fera imprimée tout au long au commencement ou à la fin dudit Recueil, foit tenuë pour dûëment fignifiée, & qu'aux copies collationnées par l'un de nos amez & feaux Confeillers & Secretaires, foi foit ajoûtée comme à l'Original. Commandons au premier notre Huiffier ou Sergent, de faire pour l'exécution d'icelles tous actes requis & néceffaires fans demander autre permiffion, & nonobftant Clameur de Haro, Chartre-Normande, & Lettres à ce contraires; CAR tel eft notre plaifir. DONNÉ à Versailles le vingt-deuxiéme jour du mois d'Août, l'an de grace mil sept cent trente-huit, & de notre Regne le vingt-troisiéme. Par le Roi en son Conseil.

SAINSON.

J'ai cédé mon droit au present privilege au Sieur Jacques Barois Fils, Libraire à Paris, pour en jouir suivant nos conventions. A Paris, ce 29 Août 1738.

LE SAGE.

Registré ensemble la Cession sur le Registre X. de la Chambre Royale des Libraires & Imprimeurs de Paris, No. 100, fol. 88, conformément aux anciens Reglemens confirmés par celui du 28 Fevrier 1723. A Paris ce 13. Septembre 1738.

Signé, LANGLOIS, *Syndic*.

De l'Imprimerie de JACQUES GUERIN,
Quai des Augustins, 1739.

www.ingramcontent.com/pod-product-compliance
Lightning Source LLC
Chambersburg PA
CBHW050437170426
43201CB00008B/706